Sprachübungen an klassisch-arabischen Texten

Mira Sievers

Sprachübungen an klassisch-arabischen Texten

Ergänzend zur *Arabischen Sprachlehre*
Harder – Schimmel – Forkel

2., überarbeitete Auflage

Edition Julius Groos im
STAUFFENBURG VERLAG

Bibliografische Information der Deutschen Nationalbibliothek

Die Deutsche Nationalbibliothek verzeichnet diese Publikation in der Deutschen Nationalbibliografie; detaillierte bibliografische Daten sind im Internet über <http://dnb.ddb.de> abrufbar.

Umschlagabbildung:
Folio (lawḥa) 79 des Manuskripts Nr. 169 ʿAqāʾid Taimūr
der Sammlung der ägyptischen Nationalbibliothek (Dār al-Kutub al-Miṣriyya)

Die Edition Julius Groos ist ein Imprint der Stauffenburg Verlag GmbH.

2., überarbeitete Auflage 2018

Postfach 25 25 · D-72015 Tübingen
www.stauffenburg.de

Gedruckt auf säurefreiem und alterungsbeständigem Werkdruckpapier.

Printed in Germany

ISBN 978-3-87276-889-6

Vorwort

Seit der Einführung des Fachs Islamische Studien beziehungsweise Islamische Theologie an deutschen Universitäten 2010/2011 stellt sich die Frage nach dem bestmöglichen Weg zum Erlernen des Arabischen erneut, doch mit verändertem Fokus: Studierende müssen möglichst am Anfang ihres Studiums sehr gute Arabischkenntnisse zum Verständnis klassisch-theologischer Literatur erwerben. In Frankfurt war schon nach kurzer Zeit klar, dass die bewährte *Arabische Sprachlehre* von Harder – Schimmel (– Forkel) mit ihrer Konzentration auf klassisches Vokabular das Mittel der Wahl ist. Doch der Übergang von der Welt der Lehrbuchsätze hin zu den Problemen „lebender Texte" fiel schwer. Auf Anregung von Müfit Daknılı, dem damaligen Koordinator der Arabischlehre, wurde aus diesem Grund am Frankfurter Institut für Studien der Kultur und Religion des Islam Übungsmaterial erarbeitet, welches wir nach vierjähriger Erprobung und fortwährender Überarbeitung in Form dieses Büchleins im September 2016 vorgelegt haben und nun in überarbeiteter Form erneut herausbringen.

Dr. S. Fritz Forkel, Lektor am Institut, hat von ihm entwickelte Faustregeln beigetragen, welche ausgewählte Grammatikregeln auf den Punkt bringen und oft die Konsultierung einer ausführlicheren Grammatik ersparen. Ihm gebührt dafür und für seine unverzichtbaren Hinweise und Verbesserungen zu diesen Sprachübungen der größte Dank. Nadja Aboulenein hat durch genauste Lektüre, ihr Sprachgefühl und viele Stunden Überarbeitungen die Publikation erst ermöglicht. Weitere sehr wichtige Hinweise kamen von Dr. Mohammed Rashed, ebenfalls Lektor in der Frankfurter Arabischlehre.

Schließlich waren die wöchentlichen Besprechungen mit den Tutorinnen und Tutoren, die die Übungen in ihren Kursen verwendeten, kritische Anmerkungen machten und kontinuierlich die Bedürfnisse der Studierenden einbrachten, ganz entscheidend für die Entwicklung des Buchs. Daher möchte ich ganz besonders meinen (ehemaligen) Kolleginnen Nadja

Aboulenein, Nataliya Aneva, Meryem Erva Bozkurt, Meryem Selda Çöl, Miriam Djahani, Naile Eren, Diana Hamy, Khadija Randani, Elif Taşkınsoy, Tuba Nur Tekin, Gülbeyaz Tektaş, Madlin Thaher, Joshua Tischlik und Mahada Wayah danken.

Frankfurt am Main, August 2018 Mira Sievers

Inhaltsverzeichnis

Einleitung

Das Studium der arabischen Sprache bringt einige Schwierigkeiten mit sich. Eine davon, vielleicht grundsätzlicher als alle anderen, ist die Frage, aus welchem Grund man „Arabisch“ lernen möchte. Man könnte beispielsweise Arabisch lernen wollen, um sich mit seinen arabischen Freunden oder den Menschen in Marokko zu unterhalten. Oder man könnte beabsichtigen, aktuelle Tageszeitungen, Internetseiten oder Fernsehprogramme zu rezipieren. Auch könnte das Ziel sein, den Koran und die islamisch-religiöse Literatur zu verstehen. Die Antwort auf diese Frage beeinflusst dabei nicht nur einfach die Schwerpunktsetzung des Arabischstudiums, sondern die Anfängerin wird sich je nach Intention der Sprache vollkommen anders annähern müssen:

- Will man klassische religiöse Literatur einschließlich des Koran verstehen, muss man **klassisches Arabisch** erlernen. Dieses geht auf die Dichter- und Literatursprache zurück, die schon in vorislamischer Zeit neben den Dialekten der verschiedenen Stämme existierte und die durch die arabischen Grammatiker bis zum Ende des 8. Jahrhunderts standardisiert wurde.

- Um Tageszeitungen, Literatur oder offizielle Dokumente zu verstehen, braucht man **modernes Hocharabisch**, im Englischen als **Modern Standard Arabic (MSA)** bekannt. Es ist in der Grammatik nahezu identisch mit dem klassischen Arabisch, im Vokabular aber stark davon verschieden. Modernes Hocharabisch wird von gebildeten Arabern in allen arabischen Ländern verstanden, dient aber nicht zur Kommunikation im Alltag.

- Für ein Verständnis der Alltagssprache der Araber muss man sich einen **Dialekt** aneignen. Die Grammatik der arabischen Dialekte ist im Vergleich zum modernen Hocharabisch stark vereinfacht (so gibt es beispielsweise kaum noch eine Unterscheidung der Fälle) und ihr Vokabular unterscheidet sich häufig von Dialekt zu Dialekt. Diese Unterschiede sind so groß, dass viele Dialekte, bei genügend großer

Entfernung, wechselseitig nicht mehr verständlich sind. Es ist also notwendig, den für das eigene Interesse passenden Dialekt auszuwählen.

Für das Studium der Islamischen Theologie ist das Erlernen des Arabischen, und zwar hier des klassischen Arabisch, von höchster Bedeutung. Der Übergang zur Lektüre von Originaltexten soll durch die *Sprachübungen an klassisch-arabischen Texten* erleichtert werden: Von der ersten Lektion an finden sich hier zunächst kurze Fragmente aus Originaltexten, die mit den bereits erlernten Mitteln erschließbar sind. Später sind auch kurze abgeschlossene Texte enthalten, die mit Anmerkungen und Übersetzung unbekannter Vokabeln versehen sind. Zusatzvokabeln sind dagegen nicht direkt für den Übungstext notwendig, sondern dienen zur allgemeinen Wortschatzerweiterung. Während die Texte selbst vokalisiert sind, findet sich zu jeder Lektion auch eine Vokalisierungsaufgabe: Zum einen wird dadurch die Grammatik geübt (denn eine richtige Vokalisierung setzt ein richtiges Grammatikverständnis voraus), zum anderen können typische Schwierigkeiten und Doppeldeutigkeiten an diesen eher einfachen Sätzen erkannt werden. Zuletzt findet sich zu dem jeweiligen Grammatikthema eine wechselnde Aufgabe.

Die meisten Texten sind mit Verweisen auf Faustregeln am Ende des Buches versehen, die vor oder bei der Bearbeitung der Aufgaben bei Grammatikschwierigkeiten helfen können, ausführlichere Erklärungen finden sich in den Lektionen der *Arabischen Sprachlehre (AS)*. Das gesamte, zur Bearbeitung nötige Vokabular ist außerdem im Index enthalten.

Literatur

Daknılı, Müfit, „Die Arabischlehre in den »Islamischen Studien«", *Zeitschrift für Islamische Studien* 3 (2013), 69–71.

Fischer, Wolfdietrich, „Classical Arabic", *Encyclopedia of Arabic Language and Linguistics*, Leiden: Brill, 2015.

Wilbertz, Veronika, „Arabisch", *Metzler Lexikon Sprache*, Hg. Helmut Glück, Stuttgart: Metzler, 2010.

A. Sprachübungen an klassisch-arabischen Texten

1. Nominalsätze

Faustregel 2.1., AS 1.

1.) Übersetzen Sie diese drei Nominalsätze aus dem Koran.

aus Sūra 24, Vers 21: ﴿وَاللَّهُ سَمِيعٌ عَلِيمٌ﴾

aus Sūra 16, Vers 116: ﴿هٰذَا حَلَالٌ وَهٰذَا حَرَامٌ﴾

aus Sūra 85, Vers 21: ﴿بَلْ هُوَ قُرْآنٌ مَجِيدٌ﴾ بَلْ: *nein vielmehr, sondern*

2.) Vokalisieren Sie die folgenden Sätze vollständig.

الرّجل سالم.	الطّبيب العادل صالح.
البيت واسع وكبير.	الملك الصّالح عليم.
اللّه عليم والقرآن مجيد.	الرّجل عادل.
هذا هو الوزير العادل.	هذه هي الشّمس وهذا هو القمر.

3.) Übersetzen Sie die folgenden Sätze ins Arabische.

Dies ist ein ruhmreicher Koran.

....

Der Mann ist ein König.

....

Das Haus ist groß und der Garten ist klein.

....

Der gelehrte Freund ist aufrichtig.

....

Vokabeln

Zum Übungstext:

سمع	سَميع	hörend, zuhörend; Hörender
علم	عَليم	wissend; gelehrt; Wissender
	هٰذَا	dieser, dieses (Dem.-Pron. m.)
	هٰذِهِ	diese, dieses (Dem.-Pron. f.)
قرأ	قُرْآن	Koran
مجد	مَجيد	ruhmreich; lobenswert; edel

Zusatzvokabeln:

كبر	كَبير	groß
شمس	شَمْس	Sonne (f.)
سمي	اِسْم	Name; (gramm.:) Nomen
نون	تَنْوين	(gramm.:) Nunation
بيت	بَيْت	Haus; Zelt
وزر	وَزير	Minister, Wesir
قمر	قَمَر	Mond
أله	اللّٰه	Gott (als der einzige)
وسع	واسِع	geräumig

2. Feminina und Kollektive

Faustregel 3.1., AS 2.

1.) Übersetzen Sie diese beiden prophetischen Aussprüche.

قالَ مُحَمَّدٌ ﷺ : الْحَيَاءُ شُعْبَةٌ مِنَ الإِيمَانِ.

مِن: von (folgendes Wort im Genitiv: ـِ)

وَقالَ أَيْضًا : القُرآنُ حُجَّةٌ لَكَ أَوْ حُجَّةٌ عَلَيْكَ.

لَكَ: für dich; عَلَيْكَ: gegen dich

2.) Vokalisieren Sie die folgenden Sätze vollständig.

التّفّاحة لذيذة.	هذا البيت نظيف.
هل الكأس مكسورة؟	هذه هي الشجرة الكبيرة.
لا ، الكأس جديدة وجميلة.	هل الخمر حلال؟
أأنت خليفة؟	عمر رجل صادق وعادل.
هند عروس.	البئر عميقة.

3.) Setzen Sie ein passendes Adjektiv ein.

هذه الوزيرة .... و..............

الملكة.............. والملك ....

الشّأم .... ومصر ....

هل هند ....؟

هذه الحرب ....

جميلة
جميلة
شديدة
صادقة
صالح
عادلة
عليمة
نظيفة

Vokabeln

Zum Übungstext:

قول	قَالَ	er sagte
	صَلَّى اللّٰهُ عَلَيْهِ وَسَلَّمَ	Gott segne ihn und schenke ihm Heil
حيي	حَيَاء	Scham; Schüchternheit
شعب	شُعْبَة	Zweig; Abteilung
أمن	إِيمَان	Glaube
أيض	أَيْضًا	auch
حجج	حُجّة	Argument; Beweis
	أَوْ	oder
	هَلْ ...؟ \ أ ...؟	(Fragepartikel für Entscheidungsfragen)

Zusatzvokabeln:

بن	اِبْن	Sohn
بن	اِبْنة	Tochter
مدن	مَدِينة	Stadt
أمم	أُمّ	Mutter
أخو	أُخْت	Schwester
عرس	عَرُوس	Braut
حمل	حامِل	schwanger
مصر	مِصْرُ	Ägypten (f.)
شأم	الشَّأْمُ \ الشّامُ	Syrien; Damaskus (f.)
يد	يَد	Hand (f.)
رجل	رِجْل	Fuß (f.)
عين	عَيْن	Auge (f.)
روح	رِيح	Wind (f.)
شمل	شَمال	Nordwind (f.)

أرض	أَرْض	Erde (f.)
بأر	بِئْر	Brunnen (f.)
حرب	حَرْب	Krieg (f.)
دور	دار	Haus; Gebiet (f.)
كأس	كَأْس	Becher (f.)
نور	نار	Feuer (f.)
نفس	نَفْس	Seele (f.)
حول	حال	Zustand (f./m.)
سوق	سوق	Markt (f./m.)
خمر	خَمْر	Wein (f./m.)
ذكر	ذِكْرى	Erinnerung (f.)
دنو	الدُّنْيا	die (diesseitige) Welt (f.)
عصو	عَصًا	Stab, Zepter (f.)
صحر	صَحْراءُ	Wüste (f.)
خلف	خَليفة	Kalif
زيت	زَيْتون	Oliven (koll.)
شجر	شَجَر	Bäume (koll.)

3. Dual und Plural

AS 3.

1.) Übersetzen Sie diesen Vers aus dem Koran (33:35).

﴿إِنَّ الْمُسْلِمِينَ وَالْمُسْلِمَاتِ وَالْمُؤْمِنِينَ وَالْمُؤْمِنَاتِ
وَالْقَانِتِينَ وَالْقَانِتَاتِ وَالصَّادِقِينَ وَالصَّادِقَاتِ
وَالصَّابِرِينَ وَالصَّابِرَاتِ (...) أَعَدَّ اللَّهُ لَهُم مَغْفِرَةً
وَأَجْرًا عَظِيمًا﴾

إِنَّ: *Wahrlich (folgende(s) Nomen im Akkusativ)*

أَعَدَّ اللَّهُ لَهُمْ: *Gott hat für sie vorbereitet*

2.) Vokalisieren Sie die folgenden Sätze vollständig.

المسلمون كثيرون والمسلمات كثيرات.
هل الرّجال صادقون؟ هل المسلمات صالحات؟
هل الخادمة صابرة؟ نعم، هي صابرة والملكة عادلة.
التّفّاحات لذيذة والدّجاج أيضًا.
المعلّمان مشغولان والمعلّمتان غائبتان.

3.) Formen Sie die Nomen a) in den Dual, dann b) in den Plural um.

الكتاب جميل. الفلّاح صالح وعادل. الخادمة جميلة. أنتِ صابرة.

a) ....

....

b) ....

....

Vokabeln

Zum Übungstext:

أمن	مُؤْمِن ج -ون	gläubig; Gläubiger (relig.)
قنت	قانِت ج -ون	gehorsam; Gehorsamer
صبر	صابِر ج -ون	geduldig; Geduldiger
غفر	مَغْفِرة	Verzeihung, Vergebung
أجر	أَجْر	(Arbeits-)Lohn
عظم	عَظيم ج عُظَماءُ	gewaltig, mächtig; großartig

Zusatzvokabeln:

سلم	مُسْلِم	Muslim
فتي	فَتًى	Jüngling
حرم	المُحَرَّم	der Muḥarram (1. Monat im islamischen Kalender)
جنيه	جُنَيْه	Pfund (Währung)
سنو	سَنَة ج١ سِنون ج٢ سَنَوات	Jahr
رجل	رَجُل ج رِجال	Mann
كثر	كَثير ج١ -ون ج٢ كِثار	viel
حمم	حَمّام ج -ات	Bad, Badezimmer
كتب	كِتاب ج كُتُب	Buch

4. Gebrochener Plural

AS 4.

1.) Übersetzen Sie diesen Ausspruch des Propheten.

قَالَ رَسُولُ اللَّهِ صَلَّى اللَّهُ عَلَيْهِ وَسَلَّمَ: إِنَّ الدِّينَ النَّصِيحَةُ، إِنَّ الدِّينَ النَّصِيحَةُ، إِنَّ الدِّينَ النَّصِيحَةُ.
قَالُوا: لِمَنْ يَا رَسُولَ اللَّهِ؟ قَالَ: لِلَّهِ وَكِتَابِهِ وَرَسُولِهِ وَأَئِمَّةِ الْمُؤْمِنِينَ وَعَامَّتِهِمْ.

إنَّ: *Wahrlich (folgende(s) Nomen im Akkusativ)*

يا: O ... ! *(Vokativpartikel, kann unübersetzt bleiben);*
ـهِ: *sein (Personalsuffix);*
ـهِمْ: *ihre (Personalsuffix)*

2.) Vokalisieren Sie die folgenden Sätze vollständig.

الكتب الألمانيّة والعربيّة الجديدة جميلة.
الملكة غائبة والوزراء والأمراء والسفراء حاضرون.
هل الفلاسفة المصريّون مشغولون؟
الفلّاحون العرب رجال فقراء.
المطر قليل والرّيح شديدة.

3.) Setzen Sie die Nomen in den Plural.

السّفيرُ المصريُّ رجلٌ عادلٌ. في الكتابِ الجميلِ حروفٌ كثيرةٌ. النّبي شاهدٌ على المسلمين والمسلماتِ. البنتُ صالحةٌ والأمُّ صادقةٌ. هل الولدُ فقير؟

....

....

....

Vokabeln

Zum Übungstext:

أمم	إمام ج أَئِمّة	1. Imam; Führer, Anführer 2. Imam, Vorbeter
دين	دين ج أَدْيان	Religion; Glaube
رسل	رَسول ج رُسُل	Gesandter, Prophet
عمم	عامّة	Allgemeinheit
قول	قالوا	sie sagten
لِ	لِـ	für; zugunsten; zu
من	مَن	wer?
نصح	نَصيحة	guter Rat; Aufrichtigkeit, Ehrlichkeit

Zusatzvokabeln:

	أَلْمانِيّ ج أَلْمان	deutsch; Deutscher
عرب	عَرَبِيّ ج عَرَب	arabisch; Araber
أب	أَب ج آباءٌ	Vater
أخو	أَخ ج١ إِخْوة ج٢ إِخْوان	Bruder
أسد	أَسَد ج أُسود	Löwe
أمر	أَمير ج أُمَراءُ	Emir, Fürst
بحر	بَحْر ج١ بُحور ج٢ بِحار ج٣ أَبْحار ج٤ أَبْحُر	Meer
بن	اِبْن ج١ بَنون ج٢ أَبْناءٌ	Sohn
بيت	بَيْت ج بُيوت	Haus; Zelt
تلمذ	تِلْميذ ج تَلامِذة	Schüler
جرب	تَجْرِبة ج تَجارِبُ	Versuch, Probe
جري	جارِية ج جَوارٍ	Mädchen, Sklavin
جلس	مَجْلِس ج مَجالِسُ	Sitzung, Rat, Versammlung

جوهر	جَوْهَر ج جَواهِرُ	Juwel
حقق	حَقّ ج حُقوق	Recht
دكتر	دُكْتور ج دَكاتِرة	Doktor
رجل	رَجُل ج رِجال	Mann
سفر	سَفير ج سُفَراءُ	Gesandter
شرف	شَريف ج أَشْراف	edel
شهد	شاهِد ج شُهود	Zeuge
شهر	شَهْر ج أَشْهُر	Monat
صدق	صَديق ج أَصْدِقاءُ	Freund
صندق	صُنْدوق ج صَناديقُ	Kiste
عين	عَيْن ج أَعْيُن	Auge
عين	عَيْن ج عُيون	Quelle
عين	عَيْن ج أَعْيان	Vornehmer
فرس	فَرَس ج أَفْراس	Pferd, Stute
فرس	فارِس ج فُرْسان	Reiter
فقر	فَقير ج فُقَراءُ	arm
فلسف	فَيْلَسوف ج فَلاسِفة	Philosoph
فنجن	فِنْجان ج فَناجينُ	Tasse
قرب	قَريب ج أَقْرِباءُ	Verwandter
قلب	قَلْب ج قُلوب	Herz
كبر	كَبير ج كِبار	groß
كتب	كِتاب ج كُتُب	Buch
كلب	كَلْب ج كِلاب	Hund
لأك	مَلْأَك ج مَلائِكة	Engel
مدن	مَدينة ج مُدُن	Stadt
ملك	مَلِك ح مُلوك	König
مندل	مِنْديل ج مَناديلُ	Tuch

نبو	نَبِيّ ج أَنْبِياءُ	Prophet
نهر	نَهْر ج أَنْهُر	Fluss
وزر	وَزِير ج وُزَراءُ	Minister
ولد	وَلَد ج أَوْلاد	Knabe, Sohn
	بِنْت ج بَنات	Tochter, Mädchen
	بَيْت ج أَبْيات	Vers
	أُخْت ج أَخَوات	Schwester
	أُمّ ج أُمَّهات	Mutter

5. Deklination

Faustregel 2, AS 5.

1.) Übersetzen Sie diesen Koranvers (67:26) und den Ausspruch des Propheten.

قالَ اللّهُ في القُرْآنِ: ﴿قُلْ إِنَّمَا الْعِلْمُ عِندَ اللَّهِ وَإِنَّمَا أَنَا نَذِيرٌ مُبِينٌ﴾

قُلْ: sprich! ; إنّما: (kann unübersetzt bleiben:) nur; wahrlich (Hervorhebungspartikel für das Satzende)

قالَ محمّد ﷺ : طَلَبُ العِلْمِ فَرِيضةٌ على كُلِّ مُسْلِمٍ.

كُلِّ: hier: jeder (erstes Glied einer Genitivverbindung

2.) Vokalisieren Sie die folgenden Sätze vollständig.

هل العلوم الإسلاميّة صعبة؟
هذا هو أحمد. هو رفيق الفلّاح المصريّ وجار عمر.
وجد الوزير خادمة السفير الجديد في ألمانيا.
أحمد اليوم في البيت. هو في البستان مع الفلّاحين.

3.) Setzen Sie diese fünf Wörter in die drei Fälle.

الوزراء، طريق، مناديل، المعلّمات، مؤمنون

....

....

....

....

Vokabeln

Zum Übungstext:

Wurzel	Arabisch	Deutsch
	عِنْدَ	bei
نذر	نَذير ج نُذُر	Warner
بين	مُبين	klar, offenbar, deutlich
طلب	طَلَب	Suche; Forderung; Verlangen
فرض	فَريضة ج فَرائِضُ	religiöse Pflicht; göttliche Vorschrift

Zusatzvokabeln:

Wurzel	Arabisch	Deutsch
أخر	آخَرُ	ein anderer
ليل	لَيْلة ج١ -ات ج٢ لَيالٍ	Nacht; Abend
جبل	جَبَل ج جِبال	Berg; Pl.: Berge; Gebirge
كسل	كَسْلانُ ج كَسالى	faul
	مَعَ	(zusammen) mit
وجد	وَجَدَ	er hat gefunden, er fand

6. Genitivverbindung

Faustregel 1, AS 6.

1.) Übersetzen Sie den ersten Teil des *Tašahhud*.

التَّحِيَّاتُ لِلَّهِ وَالصَّلَوَاتُ وَالطَّيِّبَاتُ السَّلامُ عَلَيْكَ أَيُّهَا النَّبِيُّ وَرَحْمَةُ اللَّهِ وَبَرَكَاتُهُ السَّلامُ عَلَيْنَا وَعَلَى عِبَادِ اللَّهِ الصَّالِحِينَ

عَلَيْكَ: *auf dir*

أيها: *O ... ! (Vokativpartikel, kann unübersetzt bleiben);* ـهُ-: *sein (suffigiertes Personalpronomen);* عَلينا: *auf uns*

2.) Vokalisieren Sie die folgenden Sätze vollständig.

معلّم الأولاد ذو علم كثير وهو من أهل المدينة.
هذا المال لابن السّبيل الفقير.
هل اللّه ذو رحمة عظيمة؟ نعم، رحمة اللّه واسعة جدّا.
بيوت الوزراء في المغرب جميلة وبساتين الوزراء أيضا.
غضب الأمراء هو خوف العلماء.

3.) Übersetzen Sie die folgenden Sätze.

Der Vater von Aḥmad ist im Garten eines Freundes.

....

Die gerechte Ministerin ist die Tochter des frommen Königs.

....

Der Koran ist das Buch Gottes im Diesseits und Jenseits.

....

Vokabeln

Zum Übungstext:

حيو	تَحِيَّة ج -ات	Begrüßung; Gruß
صلو	صَلاة ج صَلَوات	Gebet; Segenswunsch; Segen
طيب	طَيِّبات	(Pl.:) gute, angenehme Dinge; gute Speisen
سلم	سَلام ج -ات	Unversehrtheit; Heil; Friede
رحم	رَحْمة	Erbarmen, Mitleid, Gnade
برك	بَرَكة ج -ات	Segen, Segnung
عبد	عَبْد ج عِباد	Diener (Gottes); Mensch

Zusatzvokabeln:

حمو	حَم ج أَحْماء	Schwiegervater
ذو	ذو ج ذَوُو	Herr, Besitzer
فم	فَم ج أفْواه	Mund
قطع	قِطْعة ج قِطَع	Stück, Teil
لحم	لَحْم ج لُحوم	Fleisch
ثوب	ثَوْب ج ثِياب	Kleid; Gewand
حرر	حَرير	Seide
قرن	قَرْن ج قُرون	Horn; Jahrhundert
جمل	جَمال	Schönheit
سنن	سِنّ ج أَسْنان	Zahn
حيو	حَياة ج حَيَوات	Leben
أهل	أَهْل	Angehörige, Familie; Leute; Bewohner
سبل	سَبيل ج سُبُل	Weg, Pfad
عقل	عَقْل	Einsicht, Verstand, Intellekt
حمد	مَحْمود	gelobt, gepriesen; lobenswert
سير	سيرة ج سِيَر	Lebenswandel; Biographie

جدد	جِدًّا	sehr
يمن	يَمين	rechts
خوف	خَوْف	Furcht; Angst
ورد	وَرْد ج وُرود	Rose (koll.)
لون	لَوْن ج أَلْوان	Farbe, Färbung; Gesichtsfarbe
سرر	مَسْرور	glücklich, zufrieden
هرب	هَرَبَ	er flüchtete
غضب	غَضَب	Zorn, Wut

7. Personalsuffixe und „haben"

AS 7.

1.) Übersetzen Sie dieses Fragment aus einem Buch über das Gebet.

الصَّلاةُ أَساسٌ وضَرورةٌ في الدّينِ الإسْلاميِّ تَقومُ عَلَيْها شَخْصِيّةُ الإنْسانِ المُسْلِمِ. يَجِبُ التَّوَجُّهُ إلى القِبْلَةِ الكَعْبةِ الشَّريفةِ بَعْدَ طَهارةِ البَدَنِ واللِّباسِ والوُضوءِ - وهي أَقْدَمُ بَيْتِ اللّهِ سُبْحانَهُ.

تَقومُ: *(hier:) gegründet sein, fußen;*
يَجِبُ: *notwendig ist, unerlässlich ist; Pflicht ist*

2.) Vokalisieren Sie die folgenden Sätze vollständig.

أمعك قلمك الجميل وحبر وورق جيّد؟ لا، قلمي في البيت.
عند فاطمة ثوب نفيس من حرير.
الملكة أمام بستانها ومعها وزراؤها.
هذا رجل عادل. اسمه محمود وهو من الشّام.
عندنا كتب كثيرة وخبز قليل.

3.) Ersetzen Sie das überstrichene Nomen durch ein Personalsuffix.

أحمد فلّاح عربيّ. زوجة أحمد مؤمنة مخلصة.

....

لزيد وصديقته دنانير كثيرة.

....

أجر المسلمين والمسلمات في الدّنيا والآخرة.

....

Vokabeln

Zum Übungstext:

أسس	أَساس ج أُسُس	Grundlage, Fundament, Basis
ضرر	ضَرورة ج -ات	Notwendigkeit; Zwang; Bedürfnis
شخص	شَخْصِيّة ج -ات	Persönlichkeit (Individualität, aber auch bedeutender Mensch)
أنس	إنْسان	Mensch
وجه	تَوَجُّه	(das) Sich-Zuwenden
قبل	القِبْلة	die Gebetsrichtung, die Qibla
كعب	الكَعْبَة	die Kaʿba
بعد	بَعْدَ	nach (Präp.)
طهر	طَهارة	Reinheit, Sauberkeit; kultische Reinheit (relig.)
بدن	بَدَن ج أَبْدان	Körper
لبس	لِباس	Kleidung
وضأ	وُضوء	Reinlichkeit, Sauberkeit; Gebetswaschung
قدم	الأَقْدَمُ	der/die/das älteste
سبح	سُبْحانَهُ (سُبْحانَ اللّهِ)	Preis sei ihm! (Preis sei Gott!)

8. Demonstrativpronomina

AS 8.

1.) Übersetzen Sie diese Überlieferungen, die auf Gott zurückgeführt werden. Wie nennt man solche Überlieferungen?

قالَ اللّهُ تَعالى: عَبْدي الْمُؤْمِنُ أَحَبُّ إلَيَّ مِنْ بَعْضِ مَلائِكَتي. وقالَ: أنا عند ظَنِّ عَبْدي بِي وأنا مَعَ عَبْدي إذا ذَكَرَني. وقال: إنَّ بُيوتي في الأَرْضِ المَساجِدُ وإنَّ زُوّاري فيها عُمّارُها.

أَحَبُّ مِن: *lieber als*

إذا: *wenn, falls;* ذَكَرَ: *gedenken, sich erinnern; erwähnen;* إنَّ: *wahrlich*

2.) Vokalisieren Sie die folgenden Sätze vollständig.

وزير هذا الملك في مكتبه الواسع.
هل تلك الفريضة واجبة على المسلمين والمسلمات؟
صديق السفراء ذو علم كثير.
عند أشراف المدينة هؤلاء جواهر نفيسة جدا.

3.) Identifizieren Sie die Morphemtypen (z.B. فعيل) dieser Wörter und ordnen Sie sie dementsprechend in Gruppen an.

تجّار، صادق، ظنون، لباس، ذنوب، عمّار، طالع، حقوق، زائر، إمام، ملوك، كتاب، نافع، قلوب، عادل، رجال، بيوت، زوّار

Vokabeln

Zum Übungstext:

Wurzel	Arabisch	Deutsch
علو	تَعالَى	er (Gott) ist hoch erhaben
بعض	بَعْض	Teil; einer; einige
	عَزَّ وجَلَّ	er (Gott) ist mächtig und erhaben
ظنن	ظَنّ ج ظُنون	Meinung, Glaube, Vermutung; negative Vermutung
	بِـ	in, an; mit (Präp.); hier: über
سجد	مَسْجِد ج مَساجِدُ	Moschee
زور	زائِر ج زُوّار	Besucher
عمر	عامِر ج عُمّار	Bewohner, Einwohner

9. Steigerung des Adjektivs

AS 9.

1.) Übersetzen Sie die folgenden Koranverse.

﴿وَلَقَدْ خَلَقْنَا الْإِنسَانَ [...] وَنَحْنُ أَقْرَبُ إِلَيْهِ مِنْ حَبْلِ الْوَرِيدِ﴾ (مِن سورةِ ق)

﴿رَبُّكُمْ أَعْلَمُ بِمَا فِي نُفُوسِكُمْ﴾ (مِن سورةِ الإِسْراء)

﴿لَخَلْقُ السَّمَاوَاتِ وَالْأَرْضِ أَكْبَرُ مِنْ خَلْقِ النَّاسِ﴾ (مِن سورةِ الغافِر)

لَقَدْ: gewiss, doch (verstärkender Partikel, kann unübersetzt bleiben); خَلَقْنَا: wir erschufen, wir haben erschaffen

لَ: gewiss, wahrlich (verstärkender Partikel, kann unübersetzt bleiben)

2.) Vokalisieren Sie die folgenden Sätze vollständig.

للفلّاح العربيّ بيت صغير، وبيت الوزيرة أكبر من بيت الفلّاح، وللملك أكبر البيوت.
هل الصّندوق الأسود أثقل من الصّندوق الأحمر؟
أهذه المدرسة في القاهرة خضراء أم لا؟ لا، هي زرقاء.
معك حقّ! لأبيه المزرعة الصغرى في المدينة.

3.) Übersetzen Sie die folgenden Sätze ins Arabische.

a) *Marrakesch* (مرّاكش) *ist die rote Stadt.*

....

b) *Die gewaltigste Belohnung ist im Jenseits.*

....

c) *Die Ka'ba ist das älteste Haus Gottes auf der Erde.*

....

Vokabeln

Zum Übungstext:

حبل	حَبْلُ الوَرِيد	Halsschlagader
نفس	نَفْس ج١ نُفوس ج٢ أَنْفُس	Seele; Selbst; Person
خلق	خَلْق	Schaffung, Erschaffung; Schöpfung
سمو	سَماء ج سَمَوات	Himmel

Zusatzvokabeln:

سعد	سَعيد ج سُعَداءُ	glücklich
جهل	جَهول	sehr unwissend
كسل	كَسْلانُ (م.: كَسْلى) ج كَسالى	faul
حمر	أَحْمَرُ	rot
زرق	أَزْرَقُ	blau
خضر	أَخْضَرُ	grün
صفر	أَصْفَرُ	gelb
سود	أَسْوَدُ	schwarz
بيض	أَبْيَضُ	weiß
طرش	أَطْرَشُ	taub
عمي	أَعْمى	blind
عرج	أَعْرَجُ	lahm
حمق	أَحْمَقُ	dumm

10. Das Verb

Faustregel 2.1., 2.3. und 3, AS 10.

1.) Übersetzen Sie den Anfang der vereinfachten Geschichte von Yūnus aus einem arabischen Kinderbuch. Wie endet sie?

وهذه قِصّةُ يونُسَ: بَعَثَهُ اللّهُ إلى أَهْلِ قَرْيةِ نَيْنَوا.
فدَعاهُمْ إلى اللّهِ تعالى. فتَمادَوا في كُفْرِهِم.
فَخَرَجَ يونُسُ مِنْهُم ووَعَدَهُم بِالْعَذاب. فخَرَجوا
إلى الصَّحْراءِ بِأَطْفالِهِمْ وأَنْعامِهِمْ. وأمّا يونُسُ عَلَيْهِ
السَّلامُ فذَهَبَ فرَكِبَ مَعَ قَوْمٍ في سَفينَةٍ.

نَيْنَوا: Ninive (Stadt im Irak)
دعا: einladen; aufrufen;
تَمادَوا: sie beharrten, blieben bei
الصَّحْراء: Wüste;
أمّا: was — anbelangt

2.) Vokalisieren Sie die folgenden Sätze vollständig.

ركب التّجّار الحمير وبلغوا المدينة وجلسوا في البستان.
ضرب السّفير الضّيف فحزنا.
كتبت الوزيرة مكتوبا مهمّا إلى الملك العظيم.
معلّما المدرسة عادلان مؤمنان.

3.) Bilden Sie korrekte Sätze aus den folgenden Wörtern.

ا) الملكة – بعث – السفير – دمشق – إلى

....

ب) إلى – رجع – أنتن – المسجد – اللّيل – في

....

ج) هذا – الجيران – الرّفيق – قبل – أمس

....

Vokabeln

Zum Übungstext:

قصص	قِصَّة ج قِصَص	Erzählung, Geschichte
بعث	بَعَثَ – يَبْعَثُ – بَعْث	senden, entsenden, schicken
أهل	أَهْل	Familie; Leute; Zugehörige; Bewohner
قري	قَرْيَة ج قُرًى	Dorf; Stadt
	فَ	und dann, dann; und so
وعد	وَعَدَ بِ	etw. versprechen; androhen
عذب	عَذاب	Strafe, Bestrafung
طفل	طِفْل ج أَطْفال	Kind; Junge; Säugling
نعم	ج أَنْعام	Vieh
ركب	رَكِبَ – يَرْكَبُ – رُكُوب	aufsteigen; einsteigen; fahren; reiten
قوم	قَوْم ج أَقْوام	Leute; Schar; Volk
سفن	سَفِينة ج$_1$ سُفُن ج$_2$ سَفائِن	Schiff

Zusatzvokabeln:

كتب	كَتَبَ – يَكْتُبُ – كِتابة	schreiben
حزن	حَزِنَ – يَحْزَنُ – حُزْن	traurig, betrübt sein
حسن	حَسُنَ – يَحْسُنُ – حُسْن	schön sein; gut sein
رحم	رَحِمَ – يَرْحَمُ – رَحْمة	sich erbarmen, Mitleid empfinden; gnädig sein
شرب	شَرِبَ – يَشْرَبُ – شُرْب	trinken
كرم	كَرُمَ – يَكْرُمُ – كَرَم	edel sein; großzügig, freigiebig sein
ضرب	ضَرَبَ – يَضْرِبُ – ضَرْب	schlagen

11. Der Imperfekt (einschließlich *kāna*)

Faustregel 2, AS 11+12.

1.) Übersetzen Sie die 109. Sure des Koran. Welche koranische Besonderheit kann man in Bezug auf Personalsuffixe beobachten?

قُلْ: *sprich!*

بِسْمِ اللَّهِ الرَّحْمَٰنِ الرَّحِيمِ: قُلْ يَا أَيُّهَا الْكَافِرُونَ ﴿١﴾
لَا أَعْبُدُ مَا تَعْبُدُونَ ﴿٢﴾ وَلَا أَنتُمْ عَابِدُونَ مَا أَعْبُدُ
﴿٣﴾ وَلَا أَنَا عَابِدٌ مَّا عَبَدتُّمْ ﴿٤﴾ وَلَا أَنتُمْ عَابِدُونَ مَا
أَعْبُدُ ﴿٥﴾ لَكُمْ دِينُكُمْ وَلِيَ دِينِ ﴿٦﴾

2.) Vokalisieren Sie die folgenden Sätze vollständig.

حزن التّاجر فخرج من السّوق.
تمنع الوزيرة العادلة كتابة المكاتيب.
كان الخليفة يجلس مع الأمراء في البستان.
تذهب الدّكتورة العليمة إلى البنت الصغيرة وتلعب معها.

3.) Formen Sie die folgenden Sätze in die Zukunft um.

بعث الملك رسولا إلى القوم.

....

كنتما رجلين صالحين وصادقين.

....

ركب النّبيّ يونس سفينة كبيرة.

....

Vokabeln

Zum Übungstext:

رحم	الرَّحْمان	der Erbarmer (Gott)
رحم	رَحيم ج رُحَماءُ	barmherzig, erbarmungsvoll, gnädig
كفر	كَفَرَ – يَكْفِرُ – كُفْر	ungläubig sein, nicht glauben; vom Glauben abfallen; undankbar sein
عبد	عَبَدَ – يَعْبُدُ – عِبادة	dienen; göttliche Verehrung erweisen; anbeten
	ما	(Interr.-pronomen:) das, was; etwas

Zusatzvokabeln:

نظر	نَظَرَ – يَنْظُرُ – نَظَر	sehen; anblicken
عجب	مُتَعَجِّب	erstaunt, verwundert
منع	مَنَعَ – يَمْنَعُ – مَنْع	verhindern; aufhalten; verbieten
جمع	جامِعة ج -ات	Universität; Hochschule

12. Konjunktiv und Jussiv

Faustregel 3.4, AS 13.

1.) Übersetzen Sie den Ausschnitt aus dem *Tafsīr* von Ibn Kaṯīr.

عنْ أبي يونُسَ مَوْلى عائِشةَ قالَ: أمَرتْني عائِشةُ أنْ أكتبَ لها مصحفًا، قالَتْ: إذا بلغتَ هذه الآيةَ ﴿حافِظوا على الصَّلَواتِ والصَّلاةِ الوُسْطى﴾ فآذِنّي. فلَمّا بلغْتُها آذَنْتُها فأَمْلَتْ عليَّ: ﴿حافِظوا على الصَّلَواتِ والصَّلاةِ الوُسْطى وصَلاةِ العَصْرِ وَقُوموا لِلّهِ قانِتينَ﴾ قالتْ: سمِعتُها مِن رَسولِ اللّهِ صلّى اللّه عليهِ وسلَّمَ. وهٰكَذا رَواهُ مُسْلِم[...].

عَنْ: hier: *es wird überliefert von*

حافِظوا: *Haltet ein!, behaltet bei!;* آذِنّي: *benachrichtige mich!;* آذَنْتُها: *ich benachrichtigte sie;* أمْلَتْ: *sie diktierte*

قُوموا: *steht!*

رواه: *er berichtet es, er überliefert es*

2.) Vokalisieren Sie die folgenden Sätze vollständig.

دخل التّاجر البيت الكبير الجميل ليرقد فيه.

فليذهب ولد الخليفة إلى المسجد العظيم ذهابا سريعا.

أمرته الوزيرة الحكيمة أن يخرج من مدينة مرّاكش.

طلب المسلمون أن يفتح الخليفة أبواب بستانه.

3.) Verneinen Sie diese Sätze mit لم.

بعث الملك رسوله أحمد إلى قوم مصر.

....

كتبت البنات مكاتيب كثيرة صباح اليوم.

....

Vokabeln

Zum Übungstext:

ولي	مَوْلًى ج مَوالٍ	freigelassener Sklave; Herr; Freund; Klient
صحف	مُصْحَف ج مَصاحِفُ	Koranexemplar, -handschrift
وسط	أَوْسَط م: وُسْطى	mittlere/r, in der Mitte befindlich
	لَمَّا	als, nachdem; da
	صَلاةُ العَصْرِ	Nachmittagsgebet
	هٰكَذا	so, auf diese Weise

Zusatzvokabeln:

قتل	قَتَلَ – يَقْتُلُ – قَتْل	töten; ermorden; umbringen

13. *anna*, Partizipien und Passiv

Faustregel 2.4, AS 14.

1.) Übersetzen Sie die folgende koranische Erzählung.

﴿وَلَقَدْ خَلَقْنَاكُمْ ثُمَّ صَوَّرْنَاكُمْ ثُمَّ قُلْنَا لِلْمَلَائِكَةِ اسْجُدُوا لِآدَمَ فَسَجَدُوا إِلَّا إِبْلِيسَ لَمْ يَكُن مِّنَ السَّاجِدِينَ﴾ من سورة الأعراف

صَوَّرْنَاكُم: wir formten euch; قُلْنَا: wir sagten; إِلَّا: außer (hier: folgendes Wort im Akk.)

﴿قَالَ يَا إِبْلِيسُ مَا مَنَعَكَ أَن تَسْجُدَ لِمَا خَلَقْتُ بِيَدَيَّ أَسْتَكْبَرْتَ أَمْ كُنتَ مِنَ الْعَالِينَ ◊ قَالَ أَنَا خَيْرٌ مِّنْهُ خَلَقْتَنِي مِن نَّارٍ وَخَلَقْتَهُ مِن طِينٍ ◊ قَالَ فَاخْرُجْ مِنْهَا فَإِنَّكَ رَجِيمٌ ◊ وَإِنَّ عَلَيْكَ لَعْنَتِي إِلَىٰ يَوْمِ الدِّينِ﴾ من سورة ص

أَسْتَكْبَرْتَ: warst du hochmütig? العالين: die Erhabenen, diejenigen mit hohem Rang

2.) Vokalisieren Sie die folgenden Sätze vollständig.

إنّ إبليس لم يسجد لآدم وكان الله قد أمره بالسّجود.
هل هذا مفهوم؟ نعم هذا مفهوم ومعلوم عندنا.
لبست فاطمة الثوب الجديد وخرجت من البيت.
من كاتب هذا الكتاب الجميل؟
سمع الوزير أنّ الخليفة قد فتح بلدا ففرح.

3.) Wandeln Sie die folgenden Sätze ins Passiv um.

أ) فتح الأمير العظيم مدينة مرّاكش في اللّيل.

....

ب) بعث الملك السّفيرة الأردنيّة إلى المدينة المهمّة.

....

Vokabeln

Zum Übungstext:

خلق	خَلَقَ – يَخْلُقُ – خَلْق	erschaffen, schaffen
سجد	سَجَدَ – يَسْجُدُ – سُجود	sich niederwerfen
يد	يَد (م) ج أَيْدٍ	Hand
نور	نار (م) ج نيران	Feuer
طين	طين ج أَطْيان	Lehm, Ton; Ackerboden; Schlamm
رجم	رَجيم	gesteinigt; verflucht
لعن	لَعْنة ج١ -ات ج٢ لِعان	Fluch; Verwünschung
	يَوْمُ الدِّين	Tag des Jüngsten Gerichts; Gerichtstag

Zusatzvokabeln:

ظنن	مَظْنون	vermutet, angenommen

14. Stämme I

Faustregel 3.1, AS 15.

1.) Übersetzen Sie die folgende Überlieferung des Propheten.

عَنْ أَبِي هُرَيْرَةَ رَضِيَ اللَّهُ عَنْهُ عَنِ النَّبِيِّ ﷺ قَالَ:
سَبْعَةٌ يُظِلُّهُمُ اللّهُ تَعَالَى فِي ظِلِّهِ يَوْمَ لاَ ظِلَّ إِلَّا ظِلُّهُ.
إِمَامٌ عَدْلٌ وَشَابٌّ نَشَأَ فِي عِبَادَةِ اللَّهِ وَرَجُلٌ قَلْبُهُ
مُعَلَّقٌ فِي الْمَسَاجِدِ وَرَجُلَانِ تَحَابَّا فِي اللَّهِ اجْتَمَعَا
عَلَيْهِ وَتَفَرَّقَا عَلَيْهِ وَرَجُلٌ دَعَتْهُ امْرَأَةٌ ذَاتُ مَنْصِبٍ
وَجَمَالٍ فَقَالَ إِنِّي أَخَافُ اللَّهَ وَرَجُلٌ تَصَدَّقَ بِصَدَقَةٍ
فَأَخْفَاهَا حَتَّى لاَ تَعْلَمَ شِمَالُهُ مَا تُنْفِقُ يَمِينُهُ وَرَجُلٌ
ذَكَرَ اللَّهَ خَالِيًا فَفَاضَتْ عَيْنَاهُ.

نَشَأَ: *er wuchs auf*
تَحابّا: *sie beide liebten sich*
دَعَتْهُ: *sie lud ihn ein, sie forderte ihn auf*
أخافُ: *ich fürchte*
أَخْفاها: *er verbarg es, er hielt es geheim*
فاضَتْ: *hier: tränen*

2.) Vokalisieren Sie die folgenden Sätze vollständig.

اجتمع الوزراء في المجلس وطلبوا ملكا جديدا.
هل ينفق المسلمون مالا كثيرا للفقراء أم لا؟
يتفرّق الأصدقاء ويذهبون إلى بيوتهم.
لا تريد المعلّمة العادلة أن نكتب مكتوبا طويلا.

3.) Vervollständigen Sie die Tabelle.

Wurzel	Stamm	Form (Perf., 3. Sg. mask.)
ع ل م	V	
		اجتمع
ن ف ق	IV	
		تصدّق

Vokabeln

Zum Übungstext:

سبع	سَبْعَة	sieben
ظلل	أَظَلَّ – يُظِلُّ	beschatten, überschatten
ظلل	ظِلّ ج ظِلال	Schatten; Schutz
عدل	عَدْل ج عُدول	gerecht, rechtschaffen
شبب	شابّ ج شَباب	junger Mann; Junge; jung, jugendlich
علق	مُعَلَّق	hängend, aufgehängt; abhängig
جمع	اِجْتَمَعَ	zusammenkommen, sich versammeln
فرق	تَفَرَّقَ	sich trennen, sich zerstreuen
نصب	مَنْصِب ج مَناصِبُ	Würde, Amt, Stellung
صدق	تَصَدَّقَ	Almosen geben
صدق	صَدَقَة	Almosen
شمل	شِمال	links; linke Hand
يمن	يَمين	rechts; rechte Hand
نفق	أَنْفَقَ	(Geld) ausgeben, finanziell unterhalten
خلو	خالٍ	leer; frei; hier: aufrichtig

Zusatzvokabeln:

قهو	مَقْهًى ج مَقاهٍ	Café, Kaffeehaus

15. Wiederholung

1.) Vokalisieren Sie die folgenden Sätze vollständig.

فتح النّبيّ محمد ﷺ مكّة فأسلم النّاس فيها في اللّيل.
يغفر اللّه الذنوب ويفرح المؤمنون الصالحون.
لم لا يرقد التّجّار في المسجد الكبير؟
تخرج فاطمة من بيتها لتذهب إلى الجامعة.
لم يكن أحمد يلبس ثيابا نفيسة من حرير.

2.) Übersetzen Sie diese Sätze ins Arabische.

Dein Vater betrat das Haus des Ministers im Monat Ramadan.

....

Ihre Kinder kehren von der Schule zurück, um den Koran zu hören.

....

Die Moschee von Kairo ist die schönste Moschee der Welt.

....

3.) Übersetzen Sie diese Sätze ins Deutsche.

أسكتي يا بنت، إنّ أمّك تعلم كذبك.

....

هل تعرفين متى طلعت الشمس؟

....

16. Stämme II

Faustregel 3.1, AS 16.

1.) Übersetzen Sie folgende Ausführungen über die ašʿarītische Ansicht zur Bedeutung der Offenbarung.

وعلى هذا المذهبِ لا يكونُ الإنسانُ مكلَّفًا من اللّهِ بفعلِ شيءٍ أو تركِ شيءٍ إلّا إذا بلغتْهُ دعوةُ رسولٍ وما شرعهُ اللّهُ. ولا يُثابُ أحدٌ على فعلِ شيءٍ ولا يعاقَبُ على تركٍ أو فعلٍ إلّا إذا علِم من طريقِ رسولِ اللّهِ ما يَجِبُ عليه فعلُه وما يَجِبُ عليه تَرْكُه.

[...]

ويُؤيدُ هذا المذهبَ قولُه سبحانُه ﴿وَما كُنّا مُعَذِّبِينَ حَتَّى نَبْعَثَ رَسُولاً﴾

يُثابُ: *er wird belohnt*

يُؤيدُ: *es spricht dafür, es unterstützt;*
حتّى: *bis*

2.) Vokalisieren Sie die folgenden Sätze vollständig.

اجتمع فقهاء بغداد في بيت الحكمة واختلفوا في ما بينهم.
أسلم عمر بن الخطاب في مكّة بعد دعاء النّبي ﷺ.
اشتركت الشاعرة العربية في تلك الجلسة المهمّة.
قاتل جيش المسلمين كفّار مكّة في بدر.

3.) Vervollständigen Sie die Tabelle.

Wurzel	1. Form	2. Form
جمع	(VIII,Impf.,2.Pl.f.) ......تَجْتَمِعْنَ......	(VIII,Pf.,3.Pl.m.) ....
نظر	(I,Pf.,3.Dual,f.)	(VIII,Impf.,1.Sg.) ....
خلف	(...............) ......تَخْتَلِفانِ......	(III,Pf.,1.Pl.) ....
سلم	(IV,Pf.,3.Sg.f.)	(...............) ......إِسْلام......
كلم	(V, Infinitiv)	(V,Impf.,2.Pl.m.) ....

Vokabeln

Zum Übungstext:

Wurzel	Arabisch	Deutsch
ذهب	مَذْهَب ج مَذاهِبُ	eingeschlagener Weg; Ansicht; Lehre; Schule
كلف	مُكَلَّف (بِ)	verpflichtet (zu); verantwortlich (für)
فعل	فِعْل ج أَفْعال	Tat, Handlung
ترك	تَرْك	Unterlassung
إذا	إذا	(temp./kondit.) als; wenn; falls
بلغ	بَلَغَ – يَبْلُغُ – بُلوغ	erreichen; gelangen
شرع	شَرَعَ – يَشْرَعُ – شَرْع	Gesetze erlassen; vorschreiben
أحد	أَحَد م: إحْدى	einer; jemand, irgendeiner
عقب	عاقَبَ III	bestrafen
وجب	وَجَبَ – يَجِبُ – وُجوب	nötig, notwendig sein; obligen; jdm. eine Pflicht sein
عذب	مُعَذِّب	strafend; Strafender

17. Stämme III

AS 16.

1.) Übersetzen Sie den bei Buḫārī überlieferten Brief des Propheten.

بسمِ اللّٰهِ الرّحمانِ الرّحيم
مِن مُحَمَّدٍ عبد اللّهِ ورسولِهِ إلى هِرَقْلَ عَظِيمِ الرُّومِ
سلامٌ على مَن اتَّبَعَ الهُدى
أمّا بعدُ فإنّي أَدْعُوكَ بِدِعَايَةِ الإسلامِ أَسْلِمْ تَسْلَمْ
يُؤْتِكَ اللّهُ أجْرَكَ مرّتَينِ فَإنْ تَوَلَّيْتَ فإِنَّ عليك إِثْمَ
الأَرِيسِيِّينَ ﴿وَ يَا أَهْلَ الْكِتَابِ تَعَالَوْا إِلَى كَلِمَةٍ سَوَاءٍ
بَيْنَنَا وَبَيْنَكُمْ أَنْ لَا نَعْبُدَ إِلَّا اللّٰهَ وَلَا نُشْرِكَ بِهِ شَيْئًا
وَلَا يَتَّخِذَ بَعْضُنَا بَعْضًا أَرْبَابًا مِنْ دُونِ اللّٰهِ فَإِنْ تَوَلَّوْا
فَقُولُوا اشْهَدُوا بِأَنَّا مُسْلِمُونَ﴾

أَدْعوكَ بدِعايَةِ: *ich lade dich ein mit der Einladung;* يُؤْتِكَ: *er gibt dir; er wird dir geben;* تَوَلّيتَ: *du wendest dich ab;* الأَرِيسيّين: *die Bauern, die Untertanen (Gen.)*

تَوَلَّوْا: *sie wenden sich ab*

قولوا: *sprecht!*

2.) Vokalisieren Sie die folgenden Sätze vollständig.

أرسل محمّد الرّسول النّبيّ الأمّيّ رسالة طويلة إلى هرقل.
هل يخالف قبائل المغرب أمر الخليفة في بغداد؟
احمرّت وجوههم بعد عذرهم.

3.) Vervollständigen Sie die Tabelle.

Wurzel	**1. Form**	**2. Form**
شرك	(IV, Part. aktiv)	(.................) ....يَشْتَرِكون........
كلم	(.................) ....مُتَكَلِّم...........	(V,Pf.,3.Dual.f.) ....
جمع	(.................) ....تَجْتَمِعْنَ........	(I,Pf.,3.Pl.m.) ....
سلم	(.................) ....تَسْلَمْ...........	(IV,Jus.,2.Sg.m.) ....
نصر	(II, Infinitiv)	(III,Konj.,2.Pl.f.) ....

Vokabeln

Zum Übungstext:

روم	الرّوم	die Römer; die Byzantiner
تبع	اِتَّبَعَ VIII	folgen; nachfolgen; verfolgen
هدي	هُدًى	richtige Führung, Leitung (relig.); rechter Weg
	أمّا بَعْدُ	und nun zur Sache; und nun zum Thema
سلم	سَلِمَ – يَسْلَمُ – سَلامة	unversehrt, heil, intakt sein
أجر	أَجْر ج أُجور	Lohn
مرر	مَرّة ج مَرّات	Mal
أثم	إِثْم ج آثام	Sünde, Vergehen
علو	تَعالَ ج تَعالَوا	komm!, los!
سوي	سَواء	gleich; gleichwertig
شرك	أَشْرَكَ IV	zum Teilhaber, Partner machen; beigesellen (insb. Gott)
أخذ	اِتَّخَذَ VIII	nehmen; annehmen
	مِنْ دونِ	ohne; mit Ausschluss von

Zusatzvokabeln:

رسل	أَرْسَلَ	senden, schicken

18. Verba mediae geminatae

Faustregel 5, AS 17.

1.) Übersetzen Sie die ersten sieben Verse der *Sūrat al-Qalam*. Wofür steht das kleine Ǧīm (ج) in der zweiten Zeile?

بِسْمِ اللَّهِ الرَّحْمَٰنِ الرَّحِيمِ
نٓ ج وَالْقَلَمِ وَمَا يَسْطُرُونَ ﴿١﴾ مَا أَنتَ بِنِعْمَةِ رَبِّكَ
بِمَجْنُونٍ ﴿٢﴾ وَإِنَّ لَكَ لَأَجْرًا غَيْرَ مَمْنُونٍ ﴿٣﴾ وَإِنَّكَ
لَعَلَىٰ خُلُقٍ عَظِيمٍ ﴿٤﴾ فَسَتُبْصِرُ وَيُبْصِرُونَ ﴿٥﴾
بِأَييِّكُمُ الْمَفْتُونُ ﴿٦﴾ إِنَّ رَبَّكَ هُوَ أَعْلَمُ بِمَن ضَلَّ عَن
سَبِيلِهِ وَهُوَ أَعْلَمُ بِالْمُهْتَدِينَ ﴿٧﴾

بِمَجْنونٍ: *In verneinten und fragenden Sätzen kann das nominale Prädikat mit einem bi- stehen*
أَيِيِّكُمْ: *wer von Euch*

2.) Vokalisieren Sie die folgenden Sätze vollständig.

تكلّم النّبيّ عن مجدّد يجدّد الإسلام في كلّ قرن.
حزن آدم وحوّاء بعد خسر الجنّة وأمّا الشيطان فأحسّ بسرور.
مرّ السّلطان الكريم ببيت صغير وسأل عن مالكه.
ضلّ التّاجر المصريّ الطريق في مدينة مرّاكش وهو في السفر.

3.) Beantworten Sie die folgenden Fragen.

هل أتمّ الإمام الصلاة في الجامع الجديد؟

....

من شاعر هذا الشّعر العظيم؟

....

هل قبّل هذا الرّجل زوجته في بستان الجامعة؟

....

Vokabeln

Zum Übungstext:

Wurzel	Arabisch	Deutsch
سرر	سَرَّ – يَسُرُّ	erfreuen
ملل	مَلَّ – يَمَلُّ	sich langweilen
سطر	سَطَرَ – يَسْطُرُ – سَطْر	Linien ziehen; schreiben
نعم	نِعْمة ج نِعَم	Wohltat; Gnade, Güte
جنن	مَجْنون	besessen; wahnsinnig; verrückt
منن	مَمْنون	dankbar; schwach; endlich
خلق	خُلُق ج أَخْلاق	Wesensart; Charakter; Moral
بصر	أَبْصَرَ IV	sehen, erblicken, wahrnehmen
فتن	مَفْتون	bezaubert (auch: entzückt); verrückt; verführt
ضلل	ضَلَّ – يَضُلُّ – ضَلال	sich verirren; abirren, in die Irre gehen
هدي	مُهْتَدٍ	rechtgeleitet, der Rechtgeleitete

Zusatzvokabeln:

Wurzel	Arabisch	Deutsch
جدد	جَدَّدَ II	erneuern, reformieren; wiederherstellen

19. Hamzierte Verben

AS 18.

1.) Übersetzen Sie diesen Abschnitt über das Gebet aus Ibn Rušds Rechtswerk *Bidāyat al-Muǧtahid*.

اخْتَلَفُوا فِيمَنْ أَوْلَى بِالْإِمَامَةِ فَقَالَ مَالِكٌ يَؤُمُّ الْقَوْمَ أَفْقَهُهُمْ لَا أَقْرَؤُهُمْ وَبِهِ قَالَ الشَّافِعِيُّ. وَقَالَ أَبُو حَنِيفَةَ وَالثَّوْرِيُّ وَأَحْمَدُ يَؤُمُّ الْقَوْمَ أَقْرَؤُهُمْ. وَالسَّبَبُ فِي هَذَا الِاخْتِلَافِ اخْتِلَافُهُمْ فِي مَفْهُومِ قَوْلِهِ ﷺ «يَؤُمُّ الْقَوْمَ أَقْرَؤُهُمْ لِكِتَابِ اللَّهِ...» وَهُوَ حَدِيثٌ مُتَّفَقٌ عَلَى صِحَّتِهِ لَكِنِ اخْتَلَفَ الْعُلَمَاءُ فِي مَفْهُومِهِ فَمِنْهُمْ مَنْ حَمَلَهُ عَلَى ظَاهِرِهِ وَهُوَ أَبُو حَنِيفَةَ وَمِنْهُمْ مَنْ فَهِمَ مِنَ الْأَقْرَإِ هَاهُنَا الْأَفْقَهَ.

أَوْلَى: am würdigsten, geeignetsten
وَبِهِ: hier: und eben dies

2.) Vokalisieren Sie die folgenden Sätze vollständig.

تقرأ الطّالبات المجتهدات القرآن على معلّمهن بكلّ القراءات.
أمر النّبي محمّد ﷺ أن تؤمّ أُمّ وَرَقة أهل دارها.
هل مؤلّف هذا الكتاب مشهور؟ لم أسْمع اسمه أبدا.

3.) Übersetzen Sie folgende Sätze ins Arabische.

Diese Araber haben den Islam angenommen und glauben an Gott.

....

Der Rechtsgelehrte liebte die Dichtung sehr.

....

Der Prophet wurde nach (عن) dem Grund für seine Reise gefragt.

....

Vokabeln

Zum Übungstext:

أمم	أَمَّ – يَؤُمُّ – إمامة	vorbeten; anführen
فقه	فَقيه ج فُقَهاءُ	gelehrt im islamischen Recht; Rechtsgelehrter
قرأ	قارِئ	(Koran-)Rezitator, Vorleser (hier: die Fähigkeit besitzend)
سبب	سَبَب ج أَسْباب	Grund, Ursache, Anlass
فهم	مَفْهوم	Sinn, Bedeutung; Begriff
قول	قَوْل ج أَقْوال	Wort, Ausspruch; Äußerung; Lehrmeinung
وفق	اِتَّفَقَ VIII	übereinkommen; sich einigen
صحح	صِحّة	Gesundheit, (Ḥadīṯwissenschaft: bildhaft) die Überliefererkette entspricht den besten Kriterien
حمل	حَمَلَ – يَحْمِلُ – حَمْل	tragen; etw. beziehen auf
ظهر	ظاهِر	sichtbar; äußerlich; Wortsinn
	هاهُنا	hier

20. Verba primae *wāw/yā*ʾ

Faustregel 5.3, AS 19.

1.) Bahlūl soll zur Zeit Hārūn ar-Rašīds ein Anhänger des 7. Imāms gewesen sein, der zur Tarnung so tat, als sei er verrückt. Viele Anekdoten sind dazu überliefert. Übersetzen Sie diese beiden.

مَرَّ بَهْلولٌ بِقومٍ في أصلِ شجرةٍ فقالوا يا بهلولُ
تَصْعَدُ هذه الشّجرةَ وتَأْخُذُ عَشَرَةَ دَراهِمَ؟ فقالَ — عَشَرة: *zehn*
نعم. فأَعْطَوْهُ عشرةَ دراهِمَ فجَعَلَها في كُمِّهِ ثمَّ — أَعْطَوْه: *sie gaben ihm*
الْتَفَتَ إليهم فقالَ هاتوا سُلَّمًا. فقالوا لَمْ يَكُنْ هذا — اِلْتَفَتَ: *er wendete sich zu*
في شَرْطِنا. قال كان في شَرْطي.

قالَ رجلٌ لِبَهْلولٍ المجنونِ: قدْ أمَرَ أميرُ المؤمنينَ
لِكُلِّ مجنونٍ بِدِرهمَينِ. فقالَ له بهلولٌ فَهَلْ أخذْتَ
نَصيبَكَ؟

2.) Vokalisieren Sie die folgenden Sätze vollständig.

﴿إنّما يتذكّر [...] الّذين يصلون ما أمر اللّه به أن يوصل﴾
لا يجب على المريض أن يخرج إلى صلاة الجمعة.
أين يوجد بيت وزيرة الصحّة في بيروت؟ صفْ لي الطّريق!
وصل جيش المسلمين إلى ساحل البحر الأبيض المتوسّط.

3.) Vervollständigen Sie die Tabelle.

Wurzel	**1. Form**	**2. Form**
مرر	(I,Pf.,2.Sg.f.)	(I,Impf.,2.Pl.f.) ....
....	(................) ....تُؤَلِّفون........	(................) ....مُؤَلَّف........
وصل	(I,Impf.,3.Du.m.)	(................) ....اِتِّصال........
وفق	(I,Impf.,3.Sg.m.)	(VIII,Part. pas.) ....

Vokabeln

Zum Übungstext:

أصل	أَصْل ج أُصول	Stamm; Wurzel; Grundlage
صعد	صَعِدَ - يَصْعَدُ - صُعود	steigen; hinaufklettern
درهم	دِرْهَم ج دَراهِمُ	Dirham, Drachme
جعل	جَعَلَ - يَجْعَلُ - جَعْل	tun, plazieren; hineinstecken
كمم	كُمّ ج أَكْمام	Ärmel
	هاتِ ج هاتوا	gib her!, bring her!
سلم	سُلَّم ج سَلالِمُ	Leiter; Treppe
شرط	شَرْط ج شُروط	Bedingung; Vorbehalt; (Vertrags-) Klausel
نصب	نَصيب ج أَنْصِبة	Anteil, Beteiligung

21. Verba mediae *wāw/yā*ʾ

Faustregel 5.1, AS 20.

1.) Übersetzen Sie diesen Ausschnitt aus dem *Tafsīr al-Ǧalālayn*. Welche Methode der Kommentierung lässt sich erkennen?

﴿يُرِيد اللَّه لِيُبَيِّنَ لَكُمْ﴾ شَرَائِع دِينِكُمْ وَمَصَالِح أَمْرِكُمْ ﴿وَيَهْدِيكُمْ سُنَنَ﴾ طَرَائِق ﴿الَّذِينَ مِنْ قَبْلكُمْ﴾ مِنَ الْأَنْبِيَاء فِي التَّحْلِيل وَالتَّحْرِيم فَتَتَّبِعُوهُمْ ﴿وَيَتُوب عَلَيْكُمْ﴾ يَرْجِع بِكُمْ عَنْ مَعْصِيَته الَّتِي كُنْتُمْ عَلَيْهَا إِلَى طَاعَته ﴿وَاللَّه عَلِيمٌ﴾ بِكُمْ ﴿حَكِيمٌ﴾ فِيمَا دَبَّرَهُ لَكُمْ ﴿وَاللَّه يُرِيد أَنْ يَتُوب عَلَيْكُمْ﴾ كَرَّرَهُ لِيَبْنِيَ عَلَيْهِ ﴿وَيُرِيد الَّذِينَ يَتَّبِعُونَ الشَّهَوَات﴾ الْيَهُود وَالنَّصَارَى أَوْ الْمَجُوس أَوْ الزُّنَاة ﴿أَنْ تَمِيلُوا مَيْلًا عَظِيمًا﴾ تَعْدِلُوا عَنْ الْحَقّ بِارْتِكَابِ مَا حُرِّمَ عَلَيْكُمْ فَتَكُونُوا مِثْلهمْ

يَهْدِيكُم: *er zeigt euch den Weg; leitet euch recht*

لِيَبْنِيَ: *um darauf aufzubauen (Konjunktiv)*

2.) Vokalisieren Sie die folgenden Sätze vollständig.

إنّ اللّه يعيد كلّ النّاس بعد موتهم وستتكلّم ألسنتهم عن أعمالهم.

احتاجت البنت إلى كتب مدرسيّة بعد وصولها إلى قريتها.

﴿وقيل لهم أين ما كنتم تعبدون من دون اللّه﴾

3.) Setzen Sie Subjekt und Objekt in den Plural.

عادت الشّاعرة المريضة إلى بيروت لتذهب إلى طبيبها.

....

أقِم الصّلاة وتُبْ إلى الله تَوْبةً تكنْ سَعيدًا.

....

Vokabeln

Zum Übungstext:

Wurzel	Arabisch	Deutsch
بين	بَيَّنَ II	klar machen; erläutern
شرع	شَريعة ج شَرائِعُ	(Weg zur) Tränke; relig. Gesetz; Pl.: Bestimmungen d. relig. Ges.
صلح	مَصْلَحة ج مَصالِحُ	nützliche Sache; Heil; Wohl
سنن	سُنّة ج سُنَن	gewohnte Handlungsweise; überlieferte Norm; Brauch
طرق	طَريقة ج طَرائِقُ	Art und Weise; Methode, Weg
حلل	حَلَّلَ II	lösen; für erlaubt erklären
حرم	حَرَّمَ II	für unantastbar, unverletzlich erklären; verbieten
توب	تابَ – يَتوبُ – تَوْبة	bereuen; (mit على:) wieder seine Gnade zuwenden, verzeihen
عصي	مَعْصِية ح مَعاصٍ	Ungehorsam, Widersetzlichkeit, Auflehnung; Sünde
دبر	دَبَّرَ II	planen, vorbereiten; führen
كرر	كَرَّرَ II	wiederholen
شهو	شَهْوة ج شَهَوات	Begehren; Leidenschaft; Lust
يهد	يَهوديّ ج يَهود	Jude
نصر	نَصْرانيّ ج نَصارى	Christ
مجوس	مَجوسيّ ج مَجوس	Magier; Zoroastrier
زني	زانٍ ج زُناة	Ehebrecher, Hurer
ميل	مالَ – يَميلُ – مَيْل	sich neigen; abweichen
عدل	عَدَلَ – يَعْدِلُ – عَدْل	(mit عن:) abweichen; verlassen
ركب	اِرْتَكَبَ VIII	begehen, verüben; betreiben

22. Verba tertiae *wāw/yāʾ*

Faustregel 5.4, AS 21.

1.) Übersetzen Sie diesen Abschnitt aus Ibn Hišāms Sīra-Werk.

قال ابن إسْحاقَ: فلَمَّا رَأَى رَسولُ اللَّهِ ﷺ ما يُصيبُ أَصْحابَهُ مِن البَلاءِ وما هو فيه مِن العافِيَةِ بِمَكانِهِ مِن اللَّهِ ومِن عَمِّهِ أَبي طالِبٍ وأنّهُ لَا يَقْدِرُ على أنْ يَمْنَعَهُم مِمّا هم فيه مِن البَلاءِ قال لَهُم: لَوْ خَرَجْتُم إلى أَرْضِ الحَبَشةِ فإنَّ بها مَلِكًا لا يُظْلَمُ عنده أحَدٌ وهي أَرْضُ صِدْقٍ حتّى يَجْعَلَ اللّهُ لَكُم فَرَجًا مِمّا أنتم فيه. فخَرَجَ عند ذلك المسلِمونَ مِن أَصْحَابِ رَسولِ اللَّهِ ﷺ إلى أَرْضِ الحَبَشةِ مَخافةَ الفِتْنَةِ وفِرارًا إلى اللّهِ بِدينِهِم. فكانَتْ أَوَّلَ هِجْرةٍ كانَتْ فِي الإسْلامِ.

مِمّا = مِن ما

الحَبَشة: *Abessinien, Äthiopien*

2.) Vokalisieren Sie die folgenden Sätze vollständig.

لم يبق كلّ المسلمين في مكّة بل هاجر بعضهم إلى أرض الحبشة.
أعطاني هذا التّاجر دراهم كثيرة فاشتريت بها مصحفا.
لن أنسى فضل ملك الحبشة أبدا!

3.) Vervollständigen Sie die folgenden Sätze sinnvoll!

أمَرَ الملِكُ النّصرانيُّ أنْ .... (أَعْطى)

قال الخليفةُ لِزوجَتِه:...! (نَسِيَ)

أنا في بيروتَ اليومَ ولكنَّنِي لَمْ .... (مَشى)

أجابَتْ فاطِمةُ حَبيبَها قائلة: .... (دَرى)

Vokabeln

Zum Übungstext:

Wurzel	Arabisch	Deutsch
	لَمّا	als; nachdem; da
رأي	رَأَى – يَرى – رُؤْية	sehen, erblicken
صوب	IV أَصابَ – يُصيبُ	treffen; befallen; zustoßen
بلو	بَلاء	Prüfung, Heimsuchung, Plage
عفو	عافِية	Gesundheit, Wohlbefinden
عمم	عَمّ ج أَعْمام	Onkel (väterlicherseits)
قدر	قَدَرَ – يَقْدِرُ – قُدْرة	können, imstande sein (mit على)
منع	مَنَعَ – يَمْنَعُ – مَنْع	verhindern; schützen
ظلم	ظَلَمَ – يَظْلِمُ – ظُلْم	Unrecht zufügen; unterdrücken
فرج	فَرَج	Leidlosigkeit; Erleichterung; glücklicher Ausgang
خوف	مَخافة	Furcht, Angst
فتن	فِتْنة ج فِتَن	Versuchung; Zwietracht; Bürgerkrieg
هجر	هِجْرة	Auswanderung, Auszug

23. Doppelt/dreifach schwache Verben

Faustregel 5, AS 22.

1.) Übersetzen Sie dieses Fragment aus Ṭabarīs *Tafsīr*.

يقول تعالى ذكره ﴿إِنَّا أَعْطَيْنَاكَ﴾ يا محمّد ﴿الْكَوْثَرَ﴾ واختلف أَهل التأويل في معنى الكوثر.
[...] وأولى هذه الأقوال بالصّواب عندي قول مَن قال هو اسم النّهر الذي أُعطيه رسول الله ﷺ في الجنّة وصفه الله بالكثرة لعِظَم قدره.
[...] ذكر الأخبار الواردة بذلك:
[...] سأل [رجلٌ] النّبي ﷺ فقال: ما الكوثر؟ فقال رسول الله ﷺ: نَهْرٌ أَعْطانِيهِ اللّهُ فِي الجَنَّةِ مَاؤُهُ أَبْيَضُ مِنَ اللَّبَنِ وأَحْلَى مِنَ العَسَلِ فِيهِ طُيُورٌ أَعْناقُهَا كأَعْناقِ الجُزُرِ فقال عمر: إنها لَناعمةٌ يا رسول الله فقال: آكِلُها أَنْعَمُ مِنْهَا.

جُزُر: *(besonders schöne) Kamele für das Schlachtopfer;* ناعمة: *gutes, bequemes Leben*

2.) Vokalisieren Sie die folgenden Sätze vollständig.

طلب محمود أن تجيء صديقته لتتكلّم معه عن وعدها.
وفت صديقة محمود بوعدها ولكنّه ظنّ أنّها تخلفه.
رأى عمر قوما يصلّون صلاة التّراويح فقال نعمت البدعة هذه!

3.) Übersetzen Sie die folgenden Sätze ins Arabische.

Gott hält sein Versprechen und gibt dem Propheten den Fluss.

....

Die Muslime beten noch immer das Tarāwīḥ-Gebet im Ramadan.

....

Vokabeln

Zum Übungstext:

Wurzel	Arabisch	Deutsch
ذكر	ذِكْر	Erwähnung; Erinnerung; Bericht
أول	أَوَّلَ II	interpretieren, erklären
عني	مَعْنًى ج مَعانٍ	Sinn, Bedeutung
ولي	أَوْلى	(Elativ) angemessener; am angemessensten; passender
قول	قَوْل ج أَقْوال	Wort, Rede; Ausspruch; Meinung
صوب	صَواب	Richtiges; richtig; Vernunft
وصف	وَصَفَ – يَصِفُ – وَصْف	beschreiben; kennzeichnen
كثر	كَثْرة	große Menge, Fülle, Vielheit
قدر	قَدْر ج أَقْدار	Ausmaß, Menge, Maß
خبر	خَبَر ج أَخْبار	Nachricht; Überlieferung
ورد	وَرَدَ – يَرِدُ – وُرود	kommen; vorkommen; gelangen zu
ميأ	ماء ج مِياه	Wasser; Flüssigkeit
لبن	لَبَن	Milch
حلو	أَحْلى	(Elativ) süßer
عسل	عَسَل	Honig
طير	طَيْر ج طُيور	Vogel (koll.)
عنق	عُنُق ج أَعْناق	Hals; Nacken
نعم	أَنْعَمُ	(Elativ) erfreuter; mehr genießend
خلف	أَخْلَفَ IV	brechen, nicht halten (Versprechen)

24. Relativsätze I *AS 23.*

1.) Übersetzen Sie den 38. Ḥadīṯ aus der Sammlung Nawawīs.

عَنْ أَبِي هُرَيْرَةَ رضي الله عنه قال قالَ رَسولُ اللَّهِ ﷺ «إِنَّ اللَّهَ تَعالَى قالَ مَنْ عادَى لي وَلِيًّا فقد آذَنْتُهُ بِالحَرْبِ وَما تَقَرَّبَ إِلَيَّ عَبْدِي بِشَيءٍ أَحَبَّ إِلَيَّ مِمَّا افْتَرَضْتُهُ عَلَيْهِ وَلَا يَزَالُ عَبْدِي يَتَقَرَّبُ إِلَيَّ بِالنَّوافِلِ حَتَّى أُحِبَّهُ فَإِذَا أَحْبَبْتُهُ كُنتُ سَمْعَهُ الَّذي يَسْمَعُ بِهِ وَبَصَرَهُ الَّذي يُبْصِرُ بِهِ وَيَدَهُ الَّتِي يَبْطِشُ بِهَا وَرِجْلَهُ الَّتِي يَمْشِي بِهَا وَلَئِنْ سَأَلَنِي لَأُعْطِيَنَّهُ وَلَئِنِ اسْتَعَاذَنِي لَأُعِيذَنَّهُ»

مِمّا: مِن ما =

أُعْطِيَنَّ: *geben (Modus energicus, verstärkende Funktion)*; أعيذَنّ: *Zuflucht, Schutz gewähren (Modus energicus)*

2.) Vokalisieren Sie die folgenden Sätze vollständig.

ذهبت فاطمة إلى المسجد الأحمر الّذي يوجد في مركز بيروت.

هل تأتي مريم بالوردة الّتي نريد أن نعطيها صديقنا؟

عاد المسلمون الّذين هاجروا إلى أرض الحبشة.

3.) Fassen Sie die beiden Sätze in einem Relativsatz zusammen.

لقي أحمد صديقه في مرّاكش. جاء صديق أحمد من بيته.

....

شكرت دكتورات الجامعة. شفت الدّكتورات ابني.

....

سلّما على المعلمة العليمة. درست على يد المعلّمه.

....

Vokabeln

Zum Übungstext:

عدو	عادى III	als Feind behandeln, befehden
ولي	وَلِيّ ج أَوْلِياء	Freund, Nahestehender
أذن	آذَنَ – يُؤْذِنُ IV	bekanntgeben, bekanntmachen
قرب	تَقَرَّبَ V	sich nähern; sich um jds. Gunst bemühen
فرض	اِفْتَرَضَ VIII	auferlegen, zur Pflicht machen
نفل	نافِلة ج نَوافِلُ	nicht vorgeschriebenes gutes Werk; Geschenk
سمع	سَمْع	Gehör, Gehörsinn
بصر	بَصَر ج أَبْصار	Sehkraft, Gesichtssinn; Blick
بطش	بَطَشَ – يَبْطِشُ – بَطْش	packen; heftig angreifen
رجل	رِجل ج أَرْجُل	Fuß; Bein
عوذ	اِسْتَعاذَ – يَسْتَعيذُ X	Schutz, Zuflucht suchen
عوذ	أَعاذَ – يُعيذُ IV	Schutz, Zuflucht gewährten; jd. unter Gottes Schutz stellen

25. Relativsätze II

AS 23.

1.) Übersetzen Sie folgenden kurzen muʿtazilitischen Text.

إنْ قيلَ: ما أوّلُ ما أوْجبَ اللّهُ عليك؟ فقُلْ: النَّظَرُ المؤدّي إلى مَعْرفتِهِ. لِأنّ المَعْرِفةَ الّتي مِن معرفةِ اللّهِ تعالى لا تُعْرَفُ ضَرورةً ولا بِالمُشاهَدةِ. فَيَجِبُ أنْ تَعْرِفَهُ بِالفِكْرِ والنَّظَرِ.

فَإنْ قيلَ: ولِمَ قُلْتُم إنّ ذَلك واجِبٌ؟ قيلَ لَهُ: لِأنّا نَخْشى إنْ لَمْ نَعْرِفْهُ أنْ نَعْصيَهُ فَنَهْلِكُ. فَيَجِبُ أنْ نَعْرِفَهُ لِنَجْتَنِبَ المَعاصي ونَفْعَلَ الطّاعاتِ.

ضَرورة: *notwendigerweise (a priori, von Geburt an)*

2.) Vokalisieren Sie die folgenden Sätze vollständig.

جاء ثمانية رجال يريدون أن يذهبوا معنا إلى مركز المدينة.

ولد أبو الحسن الأشعريّ سنة مائتين وستّين في البصرة.

هذا هو الرّجل الّذي لا يوجد معلّم يدرّس مثله.

3.) Fassen Sie die beiden Sätze in einem Relativsatz zusammen.

هتان هما الطّالبتان العربيّتان. رأيت الطّالبتين في الشّارع.

....

إنّ أوّل الواجبات الإنسانيّة النّظر. يؤدّي النّظر إلى معرفة اللّه.

....

يريد المؤمنون أن يجتنبوا المعاصي. لا يحب اللّه المعاصي.

....

Vokabeln

Zum Übungstext:

أول	أَوَّل، م: أُولى	erster; oberster; Erstes
وجب	أَوْجَبَ IV	zur Pflicht machen, auferlegen
نظر	نَظَر ج أَنْظار	Blick; Betrachtung; auch: rationale Reflektion
أدي	أَدَّى II	hinleiten; führen zu (إلى)
ضرر	ضَرورة ج -ات	Notwendigkeit; Zwang; Not
شهد	مُشاهَدة	Betrachtung; Beobachtung (mit den Sinnesorganen)
فكر	فِكْر ج أَفْكار	Denken, Nachdenken; Gedanke
عصي	عَصى – يَعْصي	sich widersetzen, auflehnen; sündigen
هلك	هَلَكَ – يَهْلِكُ – هَلاك	zugrunde gehen; vernichtet werden
جنب	اِجْتَنَبَ VIII	meiden, vermeiden; sicher fernhalten
عصي	مَعْصِية ج مَعاصٍ	Sünde
طوع	طاعة ج -ات	fromme Handlung

26. Zahlen

AS 24+25.

1.) Übersetzen Sie den 259. Vers der zweiten Sūra des Koran.

﴿أَوْ كَالَّذِي مَرَّ عَلَى قَرْيَةٍ وَهِيَ خَاوِيَةٌ عَلَى عُرُوشِهَا قَالَ أَنَّىٰ يُحْيِي هَٰذِهِ اللَّهُ بَعْدَ مَوْتِهَا فَأَمَاتَهُ اللَّهُ مِائَةَ عَامٍ ثُمَّ بَعَثَهُ قَالَ كَمْ لَبِثْتَ قَالَ لَبِثْتُ يَوْمًا أَوْ بَعْضَ يَوْمٍ قَالَ بَل لَّبِثْتَ مِائَةَ عَامٍ فَانظُرْ إِلَىٰ طَعَامِكَ وَشَرَابِكَ لَمْ يَتَسَنَّهْ وَانظُرْ إِلَىٰ حِمَارِكَ وَلِنَجْعَلَكَ آيَةً لِّلنَّاسِ وَانظُرْ إِلَى الْعِظَامِ كَيْفَ نُنشِزُهَا ثُمَّ نَكْسُوهَا لَحْمًا فَلَمَّا تَبَيَّنَ لَهُ قَالَ أَعْلَمُ أَنَّ اللَّهَ عَلَىٰ كُلِّ شَيْءٍ قَدِيرٌ﴾

خاوِيةٌ على عُروشِها: *wörtlich: ‚leer auf ihren Dächern'. Gemeint ist wohl, dass zuerst die Dächer eingestürzt und dann die Mauern darauf gefallen sind.*

2.) Vokalisieren Sie die folgenden Sätze vollständig.

لقيت صديقتي فاطمة في السّاعة التّاسعة صباحا .
صار عمر بن الخطّاب خليفة سنة ستّمائة وأربع وثلاثين.
باع بعض التّجار المصريّين خمس تفّاحات بثمن عظيم.
تأكل معلّمة المدرسة في السّاعة الثّانية عشرة كلّ يوم.

3.) Ergänzen Sie in den folgenden Sätzen die korrekten Zahlen.

كانَ عامُ خمسِمائة وسبعين عامَ الفيلِ. ....

بَدَأَ الوَحي وعُمْرُ النّبيِّ .... سنةً. 40

وَصَلَ مَلِكُ المغرِب إلى مرّاكش السّاعةَ الثّامِنةَ مساءً. ....

لَقِيَ محمّدٌ ﷺ موسى في السّماءِ .... 6.

Vokabeln

Zum Übungstext:

خوي	خاوٍ على عُروشِهِ	in Trümmern liegend
أني	أنّى ؟	wie?, wieso?, woher?
حيي	IV أحيا – يُحْيِي	Leben verleihen, wiederbeleben; lebendig erhalten
موت	IV أَماتَ – يُميتُ	sterben lassen; den Tod verursachen
بعث	بَعَثَ – يَبْعَثُ – بَعْث	wiederbeleben, auferwecken
لبث	لَبِثَ – يَلْبَثُ – لَبْث	verweilen, bleiben, verharren
طعم	طَعام ج أَطْعِمة	Speise, Essen, Nahrung
سنه	V تَسَنَّهَ	alt werden (speziell Nahrung); verderben
شرب	شَراب ج أَشْرِبة	Getränk; Wein; Saft
نشز	IV أَنْشَزَ	erheben; auferstehen lassen
كسو	كَسا – يَكْسو – كَسْو	kleiden; bekleiden; überdecken
بين	V تَبَيَّنَ	klar, verständlich sein / werden (لِ: jdm.)
قدر	قَدير	Macht, Kraft besitzend; mächtig

27. Wortbildung

AS 26.

1.) Übersetzen Sie die folgende Anekdote.

الأَصْمَعِيّ قال: خرَجَ أَعْرابيٌّ إلى الحَجِّ مع أصحابٍ له فلَمّا كان بِبَعْضِ الطَّريقِ راجِعًا يُريدُ أهْلَهُ لَقِيَهُ ابنُ عَمٍّ له فسَأَلَهُ عن أهْلِهِ ومَنْزِلِهِ فقال: اِعْلَمْ أنَّكَ لمَّا خَرَجْتَ وكانَتْ لَكَ ثلاثةُ أيّامٍ وَقَعَ في بَيْتِكَ الحَريق. فرَفَعَ الأَعْرابِيُّ يَدَيْهِ إلى السَّماءِ وقال: ما أَحْسَنَ هذا يا ربِّ! تَأْمُرُنا بِعمارَةِ بَيْتِكَ أنتَ وتَخْرِبُ بُيوتَنا.

الأَصْمَعِيّ: *Grammatiker der Schule von Baṣra (st. 828);*
يُريدُ: *hier: streben zu (auf ein Ziel hin)*

كانَتْ لَكَ: *hier: du warst seit … weg*
ما أَحْسَنَ هذا: *Wie gut ist dies! Wie schön ist dies!*

2.) Vokalisieren Sie die folgenden Sätze vollständig.

يصلي المجوس في المعبد ويصلي المسلمون في المسجد.
كيف تفتح هذا البويب؟ أعندك مفتاح؟
قال عليّ لصديقته لمّا بلغت ثلاثا وعشرين سنة: عيد ميلاد سعيدا!
كلّ سنة وأنت بخير!

3.) Übersetzen Sie folgenden Sätze ins Arabische.

Al-Aṣmaʿī, der viele Bücher schrieb, war ein berühmter Grammatiker.

....

Es ist nicht bekannt, wer Tausendundeine Nacht schrieb.

....

Die Lebensgeschichte des Propheten (= die prophetische) von Ibn Isḥāq wird in jeder Universität gelesen.

....

Vokabeln

Zum Übungstext:

عرب	أَعْرابيّ ج أَعْراب	Wüstenaraber, Beduine, beduinisch
عمم	اِبْنُ العَمِّ	Cousin, Vetter
نزل	مَنْزِل	Wohnung; Haus
وقع	وَقَعَ – يَقَعُ – وُقوع	sich ereignen, stattfinden
حرق	حَريق ج حَرائِقُ	Brand; Feuer
عمر	عَمارة	Besuch
خرب	خَرَبَ – يَخْرِبُ – خَرْب	zerstören; kaputt gehen lassen

28. Bedingungssätze

AS 29.

1.) Übersetzen Sie den 19. Ḥadīṯ aus der Sammlung von Nawawī.

عنْ أبي العبّاسِ عبدِ اللّهِ بن عبّاسٍ رضي اللّه تعالى عنهما قال: كُنْتُ خلفَ النّبيِّ ﷺ يوماً فقالَ يا غلامُ إنِّي أُعلِّمُكَ كلماتٍ: إحْفَظِ اللّهَ يَحْفَظْكَ إحْفَظِ اللّهَ تجِدْهُ تُجاهَكَ إذا سألتَ فاسْألِ اللّهَ وإذا اسْتَعَنْتَ فاسْتعِنْ باللّهِ واعْلَمْ أنّ الأُمّةَ لوِ اجْتمعتْ على أنْ يَنْفَعوكَ بِشَيءٍ لَمْ يَنْفَعوكَ إلّا بشيءٍ قدْ كَتَبَهُ اللّهُ لَكَ وإنِ اجْتَمَعوا على أنْ يَضُرّوك بِشيءٍ لمْ يضُرّوك إلّا بشيءٍ قدْ كتبهُ اللّه عليك. رُفِعَتِ الأَقْلامُ وجَفَّتِ الصُحُف.

رواه التِّرمِذيّ وقالَ حديثٌ حَسَنٌ صحيحٌ.

تُجاهَكَ: *vor dir; dir gegenüber*

على أنْ: *um zu*

2.) Vokalisieren Sie die folgenden Sätze vollständig.

إن اشترى أهل المدينة بضائعي فسوف أكون تاجرا غنيّا.

لو درس الطّلاب كلهم دراسة جيّدة لنجحوا كلّهم.

﴿من عمل صالحا من ذكر أو أنثى وهو مؤمن فلنحيينّه حياة طيّبة﴾

3.) Drücken sie die folgenden Sachverhalte durch je einen Bedingungssatz aus.

ما جاءت فاطمة في وقتها. لذلك ما رأت صديقها.

....

اذهبي إلى المدرسة! ستتعلّمين فيها كثيرا.

....

Vokabeln

Zum Übungstext:

غلم	غُلام ج غِلْمان	Jüngling; Junge; Diener
حفظ	حَفِظَ – يَحْفَظُ – حِفْظ	bewahren, behüten; beachten
عون	X اِسْتَعانَ – يَسْتَعِينُ	um Hilfe bitten; seine Zuflucht suchen
نفع	نَفَعَ – يَنْفَعُ – نَفْع	nützen, helfen
ضرر	ضَرَّ – يَضُرُّ – ضَرّ	schaden, Schaden zufügen
جفف	جَفَّ – يَجِفُّ – جَفاف	trocknen, trocken werden
صحف	صَحيفة ج صُحُف	Blatt (z.B. eines Buches)
روي	روى – يَرْوي – رِواية	erzählen; berichten; überliefern, tradieren

Zusatzvokabeln:

ذكر	ذَكَر ج ذُكور	männlich; Männchen
أنث	أُنْثى ج إناث	weiblich; Weibchen

29. Wiederholung

1.) Vokalisieren Sie die folgenden Sätze vollständig.

هو حديث متّفق على صحّته لكن اختلف العلماء في مفهومه.
أين يوجد مكتب الأستاذ محمّد؟ أحتاج إلى ورق منه!
ما الكوثر؟ نهر أعطانيه اللّه في الجنّة ماؤه أبيض من اللّبن.
قال بل لبثت مائة عام فانظر إلى طعامك وشرابك لم يتسنّه.
إذا سألت فاسأل اللّه وإذا استعنت فاستعن باللّه

2.) Übersetzen Sie diese Sätze ins Deutsche.

لو ذهبت إلى مصر لرأيت جوامع كثيرة.

....

ألّف محمود هذا الكتاب الذي درست به العربيّة.

....

أخلفت أخت فاطمة وعدها فحزنت فاطمة وخرجت من بيتها.

....

3.) Übersetzen Sie diese Sätze ins Arabische.

Wir lasen den Brief, den ihr uns gestern geschrieben habt.

....

Wenn ihr jetzt geht, werdet ihr die arabische Sprache nicht verstehen.

....

B. Faustregeln

1. Genitivverbindung

1.1. Die Genitivverbindung *(iḍāfa)* besteht aus Regens *(muḍāf)* und Rectum *(muḍāf ilayh)*. Das Rectum ist das zweite – bei mehrgliedrigen Genitivverbindungen das letzte – Wort.

Bei mehrgliedrigen Genitivverbindungen sind außerdem alle Zwischenglieder sowohl Regens für das folgende als auch Rectum für das vorangehende Wort.

Beispiele:

- بَابُ البَيْتِ
- بَيْتُ بِنْتِ المَلِكِ

1.2. Das Regens hat nie Artikel oder Nunation. Es kann in jedem Fall stehen und richtet sich nach der Funktion im Satz.

Beispiele:

- هَرَبَ رفيقُ السَّفيرِ.
- الزَّيْتونُ لِأُمِّ الفَقيرِ.
- وَجَدَ ضالَّةَ جارِهِ.

1.3. Das Rectum steht immer im Genitiv. Es kann entweder einen Artikel oder eine Nunation haben. Zwischen Regens und Rectum darf kein anderes Wort treten.

- بِنْتُ المَلِكِ
- بِنْتُ مَلِكٍ

1.4. **Ist das Rectum determiniert, ist die gesamte Genitivverbindung determiniert. Ist das Rectum indeterminiert, ist die gesamte Genitivverbindung indeterminiert.**

Beispiele:

- مَكْتَبُ السَّفَرِ — das Reisebüro
- مَكْتَبُ سَفَرٍ — ein Reisebüro

1.5. **Es existiert weiterhin die uneigentliche Genitivverbindung** (*iḍāfa ġayr ḥaqīqiyya*), **welche einige Besonderheiten aufweist:**

1. **Das Regens ist immer Adjektiv, das Rectum ist immer Substantiv.**
2. **Das Rectum hat immer den Artikel.**
3. **Bei Determination muss auch das Regens mit Artikel versehen werden.**

Dies gilt insbesondere im klassischen Arabisch. Die Genitivverbindung kann dann also mit zwei Artikeln versehen sein.

4. **Das Regens hat vorzugsweise den gesunden Plural.**

Dies gilt auch dann, wenn ein Wort üblicherweise einen gebrochenen Plural bildet.

Beispiele:

- أَحْمَدُ جَميلُ الشَّعْرِ.
- البِنْتُ الحَسَنَةُ الوَجْهِ في البَيْتِ.
- قَصيرو الفِكْرِ هم طَويلو اللِّسانِ.

Der letzte Ausdruck meint „frech“.

2. Verwendung der Fälle

2.1. Nominativ

1. **Der Nominativ wird als <u>Subjekt</u> verwendet.**

- الطَّالِبُ في الجامِعةِ.

2. **In einem Satz ohne Verb kann <u>auch das Prädikat</u> im Nominativ stehen.**

- الطَّالِبُ مُجْتَهِدٌ.

3. **In einem Satz mit Verb darf <u>nur das Subjekt</u> im Nominativ stehen, wobei das Subjekt im Verb enthalten sein kann.**

- ذَهَبَ الطَّالِبُ إِلَى الجامِعةِ.
- الطَّالِبُ كَانَ مُجْتَهِدًا.
- كُنْتُ طَالِبًا.

2.2. Genitiv

1. **Nach allen Präpositionen:**

- مِنَ البَيْتِ
- إِلَى الجَامِعَةِ
- فِي المَدِينَةِ

2. **Als zweites (drittes, viertes, usw.) Glied einer Genitivverbindung:**

- بَابُ البَيْتِ
- بَابُ بَيْتِ الطَّالِبِ

2.3. Akkusativ

1. Als Objekt:

- أَكَلَ الوَلَدُ تُفَّاحَةً.

2. Als Ergänzung zu einem Hilfsverb:

- كَانَتِ التُّفَّاحَةُ لَذِيذَةً.
- لَيْسَتِ التُّفَّاحَةُ لَذِيذَةً.

3. Bei adverbialen Bestimmungen (wie – wann – wo – warum?):

- وَصَلْنا اليَوْمَ إلى بَيْروت.
- ذَهَبَ سَرِيعًا.
- اِجْلِسُوا مَكانَكُمْ.

4. Der Akkusativ steht nach bestimmten Partikeln:

- إنَّ
- أَنَّ
- لَكِنَّ
- لَعَلَّ
- ...

3. Funktionen ausgewählter Buchstaben

3.1. Der Buchstabe *tā'* hat drei verschiedene Funktionen:

1. Er drückt das Genus Femininum aus:

Beispiele:

تُفَّاحَةٌ – بِنْتٌ – أُخْتٌ – بَنَاتٌ	Nomen
كَتَبَتْ – تَكْتُبُ	Verben

2. Er drückt die zweite Person aus:

Beispiele:

- أَنْتَ
- أَنْتُمْ
- أَنْتُنَّ
- تَكْتُبْنَ
- تَكْتُبُ
- كَتَبْتِ

3. Er hat reflexive bzw. reziproke Bedeutung

Beispiele:

- غَسَلَ ← اِغْتَسَلَ
- دَخَّلَ ← تَدَخَّلَ
- قَاتَلَ ← تَقَاتَلَ

Anmerkung: In Formen, in denen zweimal die Silbe *tā'* vor kommt (1. *tā'*: femininum, 2. *tā'*: reflexiv) kann im Koran und in anderen klassischen Texten einmal die Silbe *tā'* durch Haplologie entfallen.

Beispiel:

- تَتَنَزَّلُ الْمَلَائِكَةُ ← تَنَزَّلُ الْمَلَائِكَةُ

3.2. Der Buchstabe *nūn* markiert alle Formen, die sich auf die 1. Person Plural beziehen.

Beispiele:

- نَحْنُ
- بَيْتُنَا
- كَتَبْنَا
- نَكْتُبُ

3.3. Ein *tāʾ* oder ein *kāf* steht bei allen Formen der 2. Person.

Beispiele:

- بَيْتُكُمْ
- بَيْتُكَ
- أَنْتُنَّ
- كِتابُكِ
- تَكْتُبُونَ
- تَكْتُبِينَ

Anmerkung: Vorsicht! Im Perfekt haben auch die 1. Person Singular und 3. Person Singular feminin ein *tāʾ*.

3.4. Alle Verneinungen beginnen mit *lām*.

Beispiele:

- لَيْسَ – لَنْ
- لا – لَمْ

Ausnahmen: *mā*, *ʾin* in der Bedeutung *mā*.

- إِنْ أَدْرِي
- مَا أَدْرِي

4. Imperativbildung in vier Schritten

4.1. Der Imperativ wird durch folgende vier Schritte gebildet:

1. Bildung des Imperfektes der 2. Person (Sg./Pl./Dual, m./f.)

2. Bildung des Jussivs

3. Wegfall der Vorsilbe

4. Prüfen, ob wegen Doppelkonsonanz am Anfang ein Hilfsvokal nötig ist
(nämlich *i* bei den Imperfektvokalen *a* und *i*, und *u* bei dem Imperfektvokal *u*)

Nach dem zweiten Schritt kann durch Voranstellung der Partikel لا die Verbotsform gebildet werden (im Deutschen „verneinter Imperativ“).

Beispiel: Imperativ Singular feminin von *kataba*

١. تَكْتُبِينَ

٢. تَكْتُبِي

٣. كْتُبِي

٤. اُكْتُبِي

4.2. Lediglich beim 4. Stamm muss zusätzlich folgender Schritt durchgeführt werden:

Schritt 3b: Hinzufügung der Vorsilbe أَ

Beispiel: Imperativ Singular maskulin von *ʾaqāma*

١. تُقِيمُ

٢. تُقِمْ

٣. قِمْ ، أَقِمْ

٤. -

5. Wurzeln mit *wāw*, *yā*ʾ und Verdopplung

5.1. Überlange Silben (KVK, KvKK)[1] werden vermieden durch:

1. Kürzung (Normalfall)

2. Auflösung (verba/nomina mediae geminatae)

Beispiele:

- قُمْتُ (~~قامْتُ~~)
- يَشْدُدْنَ (~~يَشُدّْنَ~~)

(Ausnahmen: ā/ay + Konsonant mit šadda, z.B. دابّة، دُوَيْبّة)

5.2. Bei Wurzeln mediae geminatae herrscht das Bestreben, den zweiten und dritten Konsonanten zusammenzuhalten (außer es entsteht dadurch eine unerlaubte Silbenstruktur).

Dabei darf auch ein kurzer Vokal „umspringen".

Beispiele:

- يَشُدُّ (~~يَشْدُدُ~~)
- أَشَدُّ (~~أَشْدَدُ~~)

5.3. Die Kombinationen iw, uy und ūy werden zu ī(y) oder ū.

- يُوقِنُ (~~يُيْقِنُ~~) yuyqinu → yūqinu
- إيقافٌ (~~إِوْقافٌ~~) ʾiwqāfun → ʾīqāfun
- مُعَلِّمِيَّ (~~مُعَلِّمُويَ~~) muʿallimūya → muʿallimīya

1. „K" steht für einen Konsonanten, „v" für einen kurzen und „V" für einen langen Vokal.

5.4. Es kommt in den Kombinationen der Laute

1. ī/ū + ū/ī zur Verdrängung,

2. ā + ū/ī zu „Koexistenz mit Kompromiss“: aw/ay.
(Umschrift in der *Arabischen Sprachlehre*: au/ai)

Beispiele:

- yadʿū+ūna: يَدْعونَ (~~يَدْعوونَ~~)
- tadʿū+īna: تَدْعينَ (~~تَدْعُوينَ~~)
- talqā+īna: تَلْقَيْنَ (~~تَلْقاينَ~~)
- talqā+ūna: تَلْقَوْنَ (~~تَلْقاونَ~~)

C. Vokabelindex

Vokabelindex

Ein Wort wie حيلة steht ohne Vokalzeichen, weil durch das *yāʾ* und das *tāʾ marbūṭa* die Vokale eindeutig sind. In der rechten Spalten findet sich die Angabe, wo das Wort vorkommt: AS steht für die Wortlisten in der *Arabischen Sprachlehre*, SÜ für die Vokabellisten in diesem Buch. Angegeben ist jeweils das Kapitel. Ist eine Stelle in Klammern angegeben, dann wurde die Vokabel dort unvollständig eingeführt (z.B. ohne Plural oder nur Perfekt).

أب	أَب ج آباءٌ	Vater	*AS 4*
أتي	أَتى بِ – يَأْتي بِ – إِتْيان	bringen (etw.)	*AS 22*
أثر	أَثَّرَ II	wirken, eine Spur hinterlassen	*AS 18*
أثر	تَأَثَّرَ V	beeinflusst werden	*AS 18*
أثم	إِثْم ج آثام	Sünde, Vergehen	*SÜ 17*
أجر	أَجْر ج أُجور	(Arbeits-)Lohn	*SÜ 17 (+ SÜ 3)*
أحد	أَحَد م: إِحْدى	einer; jemand, irgendeiner	*SÜ 16*
أخ	أُخْت ج أَخَوات	Schwester	*AS 4 (+ SÜ 2)*
أخذ	أَخَذَ عن	von jdm. Überliefern	*AS 26*
أخذ	اِتَّخَذَ VIII	nehmen; annehmen	*SÜ 17*
أخر	تَأَخَّرَ V	sich verspäten	*AS 22*
أخر	آخَرُ	ein anderer	*SÜ 5*
أخر	الآخِرة	das Jenseits	*AS 5*
أخو	أَخ ج1 إِخْوة ج2 إِخْوان	Bruder	*AS 4*
أدي	أَدَّى II	hinleiten; führen zu (إلى)	*SÜ 25*
إذا	إِذا	(temp./kond.) als; wann; wenn; falls	*SÜ 16, AS 20*
أذن	اِسْتَأْذَنَ X	um Erlaubnis bitten (بِ / في für)	*AS 20*

أذن	أَذِنَ – يَأْذَنُ – إِذْن	erlauben (لِ jmd., في etw.)	*AS 28*
أذن	آذَنَ – يُؤْذِنُ IV	bekanntgeben, bekanntmachen	*SÜ 24*
أذن	أُذْن ج آذان	Ohr	*AS 19*
أرخ	أَرَّخَ II	datieren	*AS 18*
أرخ	تَأْرِيخ \ تاريخ ج تَوارِيخُ	Datum; Chronik	*AS 18*
أرخ	مُؤَرِّخ	Historiker	*AS 18*
أرض	أَرْض	Erde (f.)	*SÜ 2*
أسد	أَسَد ج أُسود	Löwe	*AS 4*
أسس	أَساس ج أُسُس	Grundlage, Fundament, Basis	*SÜ 7*
أصل	أَصْل ج أُصول	Stamm; Wurzel; Ursprung	*SÜ 20, AS 26*
أكل	أَكْل	Essen	*AS 14*
إلا	إِلَّا	außer	*AS 22*
ألا	أَلا	wahrlich, fürwahr	*AS 22*
ألف	أَلَّفَ II	verfassen (Buch)	*AS 18*
ألف	تَأْلِيف	Werk	*AS 26*
أَلْمانِي	أَلْمانِيّ ج أَلْمان	deutsch; Deutscher	*SÜ 4*
أله	اللّٰه	Gott (als der einzige)	*SÜ 1*
أَمّ	أَمّا ... فَ	was anlangt ..., so; aber	*AS 24*
أمّا	أَمّا بَعْدُ	und nun zur Sache; zum Thema	*SÜ 17*
أمام	أَمامَ	vor (örtlich)	*AS 7*
أمر	أَمَرَ – يَأْمُرُ – أَمْر	befehlen	*AS 13*
أمر	أَمِير ج أُمَراءُ	Emir, Fürst	*AS 4*
أمر	أَمْر ج أُمور	Sache, Angelegenheit	*AS 20*
أمس	أَمْسِ	gestern	*AS 9*
أمل	أَمَّلَ II	hoffen	*AS 23*
أمل	أَمَل ج آمال	Hoffnung	*AS 17*
أمم	أَمَّ – يَؤُمُّ – إِمامة	vorbeten; anführen	*SÜ 19*

Wurzel	Arabisch	Bedeutung	Stelle
أمم	إمام ج أَئِمّة	1. Imam; Führer, Anführer 2. Imam, Vorbeter	SÜ 4, AS 18
أمم	أُمّة ج أُمَم	Volk, Gemeinde	AS 29
أمم	أُمّ ج أُمَّهات	Mutter	AS 4 (+ SÜ 2)
أمن	آمَنَ – يُؤْمِنُ IV	glauben (بِ an)	AS 18
أمن	إيمان	Glaube	AS 9 (+ SÜ 2)
أمن	مُؤْمِن ج -ون	gläubig; Gläubiger (relig.)	SÜ 3, AS 5
إن	إِنْ	wenn (mit Perf. oder Jussiv)	AS 20
إن	إِنْ شاءَ اللّهُ	wenn Gott will, hoffentlich	AS 22
أنث	أُنْثى ج إِناث	weiblich; Weibchen	SÜ 28
أنس	إِنْسان ج ناس	Mensch	AS 14 (+ SÜ 7)
إنّما	إِنَّما	nur (schränkt das letzte Wort des Satzes ein oder hebt es hervor)	AS 21
أني	أَنّى ؟	wie?, wieso?, woher?	SÜ 26
أهل	أَهْل	Angehörige, Familie; Leute; Zugehörige; Bewohner	SÜ 6, SÜ 10
أَوْ	أَوْ	oder	SÜ 2
أول	أَوَّلَ II	interpretieren, erklären	SÜ 23
أول	أَوَّل، م: أُولى	erster; oberster; Erstes	SÜ 25
أَيْ	أَيْ	das heißt	AS 24
أيض	أَيْضًا	auch	SÜ 2
أين	أَيْنَ	wo	AS 12
أينما	أَيْنَما	wo immer	AS 28
ب	بِـ	in, an, mit, für; über	AS 7, SÜ 8
بأر	بِئْر	Brunnen (f.)	SÜ 2
بحر	بَحْر ج$_1$ بُحور ج$_2$ بِحار ج$_3$ أَبْحار ج$_4$ أَبْحُر	Meer	AS 4 (+ AS 1)
بخل	بَخيل ج بُخَلاءُ	geizig	AS 29

بدأ	اِبْتَدَأَ VIII	anfangen, beginnen	*AS 18*
بدن	بَدَن ج أَبْدان	Körper	*SÜ 7*
بذل	بَذَلَ – يَبْذُلُ – بَذْل	reichlich ausgeben, freigiebig, spenden, hergeben	*AS 27*
برح	مُبَرِّح	heftig, quälend	*AS 11*
برك	بَرَكَة ج -ات	Segen, Segnung	*SÜ 6 (+AS 30)*
بستان	بُسْتان	Garten	*AS 1*
بصر	أَبْصَرَ IV	sehen, erblicken, wahrnehmen	*SÜ 18*
بصر	بَصَر ج أَبْصار	Sehkraft, Gesichtssinn; Blick	*SÜ 24*
بضع	بِضاعة ج بَضائِعُ	Ware	*AS 12*
بطش	بَطَشَ – يَبْطِشُ – بَطْش	packen; heftig angreifen	*SÜ 24*
بعث	بَعَثَ – يَبْعَثُ – بَعْث	1. senden, entsenden, schicken (jmd. هُ oder بِهِ); 2. wiederbeleben, auferwecken	*SÜ 10, 26, AS 11*
بعد	بُعْد	Ferne, Entfernung	*AS 23*
بعد	بَعْدَ	nach (Präp.)	*SÜ 7*
بعض	بَعْض	Teil; einer; einige	*SÜ 8*
بغض	أَبْغَضَ IV	hassen	*AS 27*
بغض	بَغيض	verhasst	*AS 27*
بقي	بَقِيَ – يَبْقى – بَقاء	bleiben, weilen	*AS 21*
بكي	بَكى – يَبْكي – بُكاء	weinen	*AS 21*
بكي	أَبْكى IV	weinen lassen	*AS 21*
بلد	بِلاد ج بُلْدان	Ort, Land	*AS 14*
بلغ	بَلَغَ – يَبْلُغُ – بُلوغ	erreichen; gelangen	*AS 10, SÜ 16*
بلو	بَلاء	Prüfung, Heimsuchung, Plage	*SÜ 22*
بن	اِبْن ج$_{1}$ بَنون ج$_{2}$ أَبْناءٌ	Sohn	*AS 4 (+ SÜ 2)*
بن	بُنَيّ	Söhnchen, lieber Junge	*AS 14*

بن	بِنْت ج بَنات	Tochter, Mädchen	*AS 4*
بن	اِبْنة	Tochter	*SÜ 2*
بوب	باب ج أَبْواب	1. Tür, Tor; 2. Kapitel	*AS 5, 25*
بيت	بَيْت ج بُيوت	Haus; Zelt	*AS 4 (+ SÜ 1)*
بيت	بَيْت ج أَبْيات	Vers	*AS 4*
بيروت	بَيْروت	Beirut	*AS 19*
بيض	أَبْيَضُ	weiß	*SÜ 9*
بيع	باعَ – يَبيعُ – بَيْع	verkaufen (بِ für)	*AS 24*
بيع	بايَعَ III	huldigen (einem Herrscher)	*AS 30*
بين	بَيَّنَ II	klar machen; erläutern	*SÜ 21*
بين	تَبَيَّنَ V	klar, verständlich sein / werden (لِ: jdm.)	*SÜ 26*
بين	بَيْنَ	zwischen	*AS 7*
بين	بَيْنَ يَدَيْ	vor	*AS 7*
بين	مُبين	klar, offenbar, deutlich	*SÜ 5*
تبع	اِتَّبَعَ VIII	folgen; nachfolgen; verfolgen	*SÜ 17, AS 29*
تجر	تاجِر ج تُجّار	Kaufmann	*AS 9*
تحت	تَحْتَ	unter	*AS 7*
ترك	تَرَكَ – يَتْرُكُ – تَرْك	verlassen, lassen	*AS 13*
ترك	تَرْك	Unterlassung	*SÜ 16*
تعب	تَعِب	müde, erschöpft	*AS 22*
تفح	تُفّاح	Apfel (koll.)	*AS 2*
تفه	تافِه	klein, unbedeutend, gering	*AS 29*
تلمذ	تِلْميذ ج$_1$ تَلامِذة ج$_2$ تَلاميذُ	Schüler	*AS 4*
تلو	تِلاوة	Lesen	*AS 28*
تمم	تَمَّمَ II + أَتَمَّ IV	vollenden	*AS 17*
توب	تابَ – يَتوبُ – تَوْبة	bereuen; (mit على:) wieder seine Gnade zuwenden, verzeihen	*SÜ 21*

ثقل	ثَقيل	schwer	*AS 9*
ثمن	ثَمَن ج أَثْمان	Preis	*AS 12*
ثوب	ثَوْب ج ثِياب	Kleid; Gewand	*SÜ 6, AS 10*
جبب	جُبّ ج أَجْباب	Zisterne, Grube	*AS 19*
جبل	جَبَل ج جِبال	Berg; Pl.: Berge; Gebirge	*SÜ 5*
جبن	جَبان ج جُبَناءُ	Feigling	*AS 25*
جدد	تَجَدَّدَ V	sich erneuern	*AS 17*
جدد	جَديد	neu	*AS 2*
جدد	جَدَّ – يَجِدُّ – جِدّ	sich bemühen	*AS 29*
جدد	جَدَّدَ II	erneuern, reformieren; wiederherstellen	*SÜ 18*
جدد	جَدّ ج أَجْداد	Ahnherr, Großvater	*AS 27*
جدد	جِدًّا	sehr	*SÜ 6*
جدر	جِدار ج جِدْران	Wand, Mauer	*AS 27*
جرب	تَجْرِبة ج تَجارِبُ	Versuch, Probe	*AS 4*
جرد	جَريدة ج جَرائِدُ	Zeitung	*AS 23*
جري	جارِية ج جَوارٍ	Mädchen, Sklavin	*AS 4*
جعل	جَعَلَ – يَجْعَلُ – جَعْل	machen, tun, platzieren; hineinstecken	*SÜ 20, AS 29*
جفف	جَفَّ – يَجِفُّ – جَفاف	trocknen, trocken werden	*SÜ 28*
جلس	جَلَسَ – يَجْلِسُ – جُلوس	sitzen	*AS 10*
جلس	جَلْسة	Sitzung	*AS 11*
جلس	مَجْلِسُ النُّوّاب	Parlament	*AS 11*
جلس	مَجْلِس ج مَجالِسُ	Sitzung, Rat, Versammlung	*AS 4, 10*
جلل	جَليل	erhaben	*AS 23*
جمع	اِجْتَمَعَ VIII	zusammenkommen, sich versammeln	*SÜ 14*
جمع	جامِعة ج -ات	Universität; Hochschule	*SÜ 11, AS 16*

جمل	جَميل	schön, hübsch	*AS 2*
جمل	جَمَل ج جِمال \ أَجْمال	Kamel	*AS 24*
جمل	جَمال	Schönheit	*SÜ 6*
جنب	اِجْتَنَبَ VIII	meiden, vermeiden;	
		sich fernhalten	*SÜ 25*
جنب	جانِب ج جَوانِبُ	Seite	*AS 14*
جنب	جَنوب	Süden	*AS 28*
جنن	مَجْنون	besessen; wahnsinnig; verrückt	*SÜ 18*
جنن	جَنّة	Paradies	*AS 14*
جنيه	جُنَيْه	Pfund (Währung)	*SÜ 3*
جهل	جَهْل	Unwissenheit	*AS 28*
جهل	جَهول	sehr unwissend	*SÜ 9*
جوب	أَجابَ – يُجيبُ IV	antworten	*AS 21*
جوب	اِسْتَجابَ X	erhören	*AS 21*
جود	جَيِّد	gut; vorzüglich; von guter Qualität	*AS 1*
جود	جود	Großmut	*AS 25*
جور	جار ج جيران	Nachbar	*AS 5*
جوز	جاوَزَ III	übergehen, vorbeigehen	
		(auch übertragen)	*AS 20*
جوهر	جَوْهَر ج جَواهِرُ	Juwel	*AS 4*
جيش	جَيْش ج جُيوش	Heer	*AS 16*
حبب	حَبَّ – يَحِبُّ – حُبّ		
	\ مَحَبّة	lieben	*AS 17*
حبب	أَحَبَّ IV	lieben	*AS 17*
حبب	حَبيب ج أَحْباب	Freund, geliebtes Wesen	*AS 21*
حبر	حِبْر	Tinte	*AS 7*
حبل	حَبْلُ الوَريد	Halsschlagader	*SÜ 9*
حجج	حُجّة	Argument; Beweis	*SÜ 2*

حدث	حِديث ج أَحاديثُ	Ḥadīṯ; Erzählung	*AS 27*
حذر	حِذارًا	aus Sorge	*AS 21*
حرب	حَرْب	Krieg (f.)	*SÜ 2*
حرر	حَرير	Seide	*SÜ 6*
حرس	حارِس	wachsam	*AS 4*
حرف	حَرْف ج حُروف	Buchstabe	*AS 4*
حرق	حَريق ج حَرائقُ	Brand; Feuer	*SÜ 27*
حرم	حَرَّمَ II	für unantastbar, unverletztlich erklären; verbieten	*SÜ 21*
حرم	المُحَرَّم	der Muḥarram (1. Monat im islamischen Kalender)	*SÜ 3*
حزن	حَزِنَ – يَحْزَنُ – حُزْن	traurig, betrübt sein	*SÜ 10, AS 11*
حسس	أَحَسَّ IV	fühlen, verspüren (بِ etw.)	*AS 17*
حسن	حَسَن	schön, gut	*AS 2*
حسن	حَسُنَ – يَحْسُنُ – حُسْن	schön sein, gut sein	*SÜ 10*
حسن	حُسْن	Schönheit, Güte	*AS 6*
حضر	حَضَرَ – يَحْضُرُ – حُضور	anwesend sein, erscheinen	*AS 11*
حضر	حاضِر	anwesend, gegenwärtig	*AS 3*
حضر	حَضْرة	Gegenwart	*AS 18*
حضر	حَضارة	Kultur; Zivilisation	*AS 29*
حطأ	الحُطَيْئة	der Knirps	*AS 28*
حفر	حَفَرَ – يَحْفِرُ – حَفْر	graben	*AS 29*
حفر	حُفْرة	Grube	*AS 29*
حفظ	حَفِظَ – يَحْفَظُ – حِفْظ	bewahren, beschützen, behüten; beachten	*AS 20, SÜ 28*
حفظ	حِفْظ	Bewahren; Auswendiglernen des Korans	*AS 25*
حقق	اِسْتَحَقَّ X	verdienen	*AS 18*

حقق	حَقّ	Wahrheit	*AS 20*
حقق	حَقّ ج حُقوق	Recht	*AS 4*
حكم	حُكومة	Regierung	*AS 27*
حكم	حَكَمَ - يَحْكُمُ - حُكْم \ حُكومة	herrschen	*AS 29*
حكم	حِكْمة	Weisheit	*AS 5*
حلف	حَلَفَ - يَحْلِفُ - حِلْف	schwören	*AS 29*
حلل	حَلَّلَ II	lösen; für erlaubt erklären	*SÜ 21*
حلو	أَحْلى	süßer (Elativ)	*SÜ 23*
حمد	مَحْمود	gelobt, gepriesen; lobenswert	*SÜ 6*
حمر	حِمار ج حَمير	Esel	*AS 9*
حمر	أَحْمَرُ	rot	*SÜ 9*
حمق	أَحْمَقُ	töricht, dumm; Tor	*AS 7, SÜ 9*
حمل	حَمَلَ - يَحْمِلُ - حَمْل	tragen; etw. beziehen auf	*SÜ 19*
حمل	حامِل	schwanger	*SÜ 2*
حمم	حَمّام ج -ات	Bad, Badezimmer	*SÜ 3*
حمم	حَمام	Taube (koll.)	*AS 30*
حمو	حَم ج أَحْماء	Schwiegervater	*SÜ 6*
حوج	اِحْتاجَ VIII	bedürfen	*AS 20*
حور	مِحْوَر	Achse	*AS 24*
حوف	حافة	Rand	*AS 27*
حول	حال	Zustand (f./m.)	*SÜ 2*
حيأ	حَياء	Scheu, Scham; Schüchternheit	*SÜ 2, AS 25, AS 29*
حيث	حَيْثُ	wo	*AS 10*
حيل	حيلة ج حِيَل	List	*AS 27*
حين	حينَما	als	*AS 24*
حيو	تَحِيّة	Begrüßung; Gruß	*SÜ 6*

حيي	حَيّ ج أَحْياءٌ	lebendig	*AS 30*
حيي	أحيا – يُحْيِي IV	Leben verleihen, wiederbeleben; lebendig erhalten	*SÜ 26*
حيي	حَياة ج حَيَوات	Leben	*SÜ 6*
خبر	خَبَر ج أَخْبار	Nachricht; Überlieferung	*AS 10, SÜ 23*
خبز	خُبْز ج أَخْباز	Brot	*AS 7*
ختم	خاتَم \ خاتِم ج خَواتِمُ	Siegelring, Ring	*AS 7*
خدم	اِسْتَخْدَمَ X	in Dienst nehmen	*AS 16*
خدم	خادِم	Diener	*AS 3*
خدم	خِدْمة ج خِدَم	Dienst	*AS 30*
خرب	خَرَبَ – يَخْرِبُ – خَرْب	zerstören; kaputt gehen lassen	*SÜ 27*
خرج	خَرَجَ – يَخْرُجُ – خُرُوج	hinausgehen	*AS 10*
خسر	خُسْر	Verlust	*AS 14*
خشي	خَشِيَ – يَخْشى – خَشْي	sich fürchten	*AS 21*
خصص	بِخُصوصِ	hinsichtlich	*AS 28*
خصل	خَصْلة ج خِصال	Charaktereigenschaft, Anlage	*AS 27*
خضر	أَخْضَرُ	grün	*SÜ 9*
خطب	خاطَبَ III	anreden	*AS 21*
خفي	خَفِيَ – يَخْفى – خُفْيَة	sich verbergen, verborgen sein	*AS 21*
خلص	مُخْلِص	aufrichtig	*AS 5*
خلف	خالَفَ III	widersprechen, sich widersetzen, zuwiderhandeln	*AS 16*
خلف	أَخْلَفَ IV	brechen, nicht halten (Versprechen)	*SÜ 23*
خلف	اِخْتَلَفَ VIII	uneinig sein, verschiedener Meinung sein	*AS 16*
خلف	خِلافة	Kalifat	*AS 26*
خلف	خَلِيفة	Kalif	*SÜ 2*

خلف	خَلْفَ	hinter	*AS 7*
خلق	خَلَقَ – يَخْلُقُ – خَلْق	erschaffen, schaffen	*SÜ 13*
خلق	خُلُق ج أَخْلاق	Wesensart; Charakter; Moral	*SÜ 18*
خلق	خَلْق	Schaffung, Erschaffung; Schöpfung	*SÜ 9*
خلل	خَلّة ج خِلال	Eigenschaft, Anlage	*AS 27*
خلو	خالٍ	leer; frei; hier: aufrichtig	*SÜ 14*
خمر	خَمْر	Wein (f./m.)	*SÜ 2*
خنزر	خِنْزير	Schwein	*AS 18*
خوف	مَخافة	Furcht, Angst	*AS 5, SÜ 22*
خوف	خَوْف	Furcht, Angst	*SÜ 6*
خون	خانَ – يَخونُ – خِيانة	verraten, preisgeben; betrügen	*AS 20, 29*
خوي	خاوٍ على عُروشِهِ	in Trümmern liegend	*SÜ 26*
خير	خَيْر	Gutes	*AS 29*
خيط	خَيّاط	Schneider	*AS 3*
خيل	خَيْل ج خُيول	Pferde (koll.)	*AS 17*
دبب	دُبّ ج أَدْباب	Bär	*AS 19*
دبر	دَبَّرَ II	planen, vorbereiten; führen	*SÜ 21*
دجج	دَجاج	Huhn (koll.)	*AS 2*
دخل	دَخَلَ – يَدْخُلُ – دُخول	eintreten, hineinkommen	*AS 13*
درس	مَدْرَسة ج مَدارِسُ	Schule	*AS 9*
درهم	دِرْهَم ج دَراهِمُ	Dirham, Silbermünze, Drachme	*SÜ 20, AS 21*
دري	دَرى – يَدْري – دِراية	wissen, erkennen	*AS 21*
دري	أَدْرى – يُدْري IV	wissen lassen	*AS 21*
دعو	دَعا – يَدْعو – دُعاء	rufen, bitten, segnen (لِ jmd.), fluchen (على jmd.)	*AS 21*
دعو	دَعْوة	Einladung, Aufforderung	*AS 25*
دكتر	دُكْتور ج دَكاتِرة	Doktor	*AS 4*
دكن	دُكّان	Laden	*AS 27*

دنو	الدُّنْيا	die (diesseitige) Welt (f.)	*SÜ 2*
دور	دارَ – يَدورُ – دَوْر	sich drehen	*AS 24*
دور	دَوْرة	Drehung	*AS 24*
دور	دار	Haus; Gebiet (f.)	*SÜ 2*
دوم	أَدامَ – يُديمُ IV	andauern lassen	*AS 22*
دين	دين ج أَدْيان	Religion; Glaube	*SÜ 4*
دين	دَيْن (ل\على) ج دُيون	Schuld (zugunsten von / zu Lasten von)	*AS 7*
دينار	دينار ج دَنانيرُ	Dinar	*AS 7*
ذكر	ذَكَرَ – يَذْكُرُ – ذِكْر	gedenken, erwähnen, sich erinnern	*AS 14*
ذكر	ذِكْرى	Erinnerung (f.)	*SÜ 2*
ذكر	ذِكْر	Erwähnung; Erinnerung; Bericht	*SÜ 23*
ذكر	ذَكَر ج ذُكور	männlich; Männchen	*SÜ 28*
ذنب	ذَنْب ج ذُنوب	Sünde, Vergehen	*AS 9*
ذهب	ذَهَبَ – يَذْهَبُ – ذَهاب	gehen	*AS 10*
ذهب	مَذْهَب ج مَذاهِبُ	eingeschlagener Weg; Ansicht; Lehre; Schule	*SÜ 16*
ذو	ذو ج ذَوُو	Herr, Besitzer	*SÜ 6*
رأس	رَأْس ج رُؤُوس	Kopf, Haupt, Anfang	*AS 5*
رأس	رَأْسُ المالِ	Kapital	*AS 24*
رأى	رَأْي ج آراءٌ	Meinung, Ansicht	*AS 29*
رأي	رَأَى – يَرى – رُؤْيَة	sehen, erblicken	*SÜ 22*
ربب	رَبّ ج أَرْباب	Herr; absolut: „Gott“	*AS 19*
رجع	رَجَعَ – يَرْجِعُ – رُجوع	1. zurückkehren (مِن von) 2. zurückgehen (إلى auf)	*AS 10, 28*
رجل	رَجُل ج رِجال	Mann	*SÜ 3, AS 4 (+ AS 1)*
رجل	رِجل ج أَرْجُل	Fuß; Bein	*SÜ 24 (+ SÜ 2)*

رجم	رَجيم	gesteinigt; verflucht (vom Satan gesagt)	*SÜ 13, AS 27*
رجو	رَجا – يَرْجو – رَجاء	hoffen	*AS 21*
رحم	رَحِمَ – يَرْحَمُ – رَحْمة	sich erbarmen, Mitleid empfinden; gnädig sein	*SÜ 10*
رحم	رَحيم ج رُحَماء	barmherzig, erbarmungsvoll, gnädig	*SÜ 11*
رحم	الرَّحْمان	der Erbarmer (Gott)	*SÜ 11, AS 28*
رحم	رَحْمة	Erbarmen, Barmherzigkeit, Mitleid, Gnade	*SÜ 6, AS 29*
ردد	رَدَّ – يَرُدُّ – رَدّ	zurückgeben (إلى an)	*AS 27*
رسل	رَسول ج رُسُل	Bote, Gesandter	*SÜ 4, AS 18*
رسل	رِسالة ج رَسائِلُ	Sendschreiben, Brief	*AS 23*
رسل	أَرْسَلَ IV	senden, schicken	*SÜ 17, AS 29*
رغب	رَغِبَ في	wünschen; ablehnen (عَن)	*AS 23*
رفق	رَفيق ج رُفَقاءُ	Gefährte	*AS 5*
رقد	رَقَدَ – يَرْقُدُ – رَقْد \ رُقود	schlafen	*AS 13*
ركب	رَكِبَ – يَرْكَبُ – رُكوب	aufsteigen; einsteigen; fahren; reiten	*SÜ 10*
ركب	اِرْتَكَبَ VIII	begehen, verüben; betreiben	*SÜ 21*
روح	اِرتاحَ VIII	sich ausruhen	*AS 20*
روح	اِسْتَراحَ – يَسْتَريحُ X	sich ausruhen	*AS 20*
روح	راحة	Ruhe	*AS 28*
روح	ريح	Wind (f.)	*SÜ 2*
رود	أَرادَ – يُريدُ IV	wollen	*AS 20*
روم	الرّوم	die Römer; die Byzantiner	*SÜ 17*
روي	روى – يَرْوي – رِواية	erzählen; berichten; überliefern, tradieren	*SÜ 28*

زرع	مَزْرَعة	Saatfeld	*AS 5*
زرق	أَزْرَقُ	blau	*SÜ 9*
زلزل	تَزَلْزَلَ	erbeben (Erde)	*AS 22*
زمن	زَمان ج أَزْمِنة	Zeit	*AS 9*
زني	زانٍ ج زُناة	Ehebrecher, Hurer	*SÜ 21*
زوج	زَوْج ج أَزْواج	Gatte	*AS 5*
زور	زارَ – يَزورُ – زِيارة	besuchen	*AS 20*
زور	زائِر ج زُوّار	Besucher	*SÜ 8*
زيت	زَيْتون	Oliven (koll.)	*SÜ 2*
زيد	زادَ – يَزيدُ – زِيادة	vermehren	*AS 20*
زيد	اِزْدادَ VIII	sich vermehren	*AS 20*
زيد	زَيْدٌ	Zaid (Männername)	*AS 5*
زينب	زَيْنَبُ	Zainab (weibl. Eigenname)	*AS 22*
سأل	مَسْأَلة ج مَسائِلُ	Frage, Problem	*AS 26*
سبب	سَبَب ج أَسْباب	Grund, Ursache, Anlass	*AS 8, SÜ 19*
سبح	سُبْحانَهُ (سُبْحانَ اللّهِ)	Preis sei ihm! (Preis sei Gott!)	*SÜ 7*
سبع	سَبْعة	sieben	*SÜ 14*
سبل	سَبيل ج سُبُل	Weg, Pfad	*SÜ 6*
سجد	سَجَدَ – يَسْجُدُ – سُجود	sich niederwerfen	*SÜ 13, AS 26*
سجد	مَسْجِد ج مَساجِدُ	Moschee	*SÜ 8, AS 26*
سحل	ساحِل ج سَواحِلُ	Küste	*AS 19*
سرر	سُرور	Freude	*AS 14*
سرر	أَسَرَّ IV	verbergen	*AS 28*
سرر	سَرَّ – يَسُرُّ	erfreuen	*SÜ 18*
سرر	مَسْرور	glücklich, zufrieden	*SÜ 6*
سرع	أَسْرَعَ IV	sich beeilen	*AS 30*
سرع	سَريع	schnell	*AS 9*
سطر	سَطَرَ – يَسْطُرُ – سَطْر	Linien ziehen; schreiben	*SÜ 18*

Wurzel	Arabisch	Deutsch	Lektion
سعد	سَعادة	Glück	*AS 30*
سعد	سَعيد ج سُعَداءُ	glücklich	*SÜ 9*
سفر	سَفَر ج أَسْفار	Reise	*AS 11, 17*
سفر	سافَرَ III	reisen	*AS 23*
سفر	سَفير ج سُفَراءُ	Gesandter	*AS 4*
سفن	سَفينة ج1 سُفُن ج2 سَفائِنُ	Schiff	*SÜ 10*
سكت	سَكَتَ – يَسْكُتُ – سُكوت	schweigen	*AS 14*
سكك	سِكّة ج سِكَك	Münze	*AS 14*
سكك	سِكّة ج سِكَك	Straße	*AS 30*
سكن	سَكَنَ – يَسْكُنُ – سُكون	wohnen	*AS 28*
سلطن	سُلْطان ج سَلاطينُ	Macht; Sultan	*AS 4*
سلم	سالِم	wohlbehalten	*AS 1*
سلم	أَسْلَمَ IV	den Islam annehmen	*AS 16*
سلم	سَلامة	Heil, Wohlbefinden	*AS 30*
سلم	سَلِمَ – يَسْلَمُ – سَلامة	unversehrt, heil, intakt sein	*SÜ 17*
سلم	سُلَّم ج سَلالِمُ	Leiter; Treppe	*SÜ 20*
سلم	مُسْلِم	Muslim	*SÜ 3*
سلم	سَلام ج -ات	Unversehrtheit; Heil; Friede	*SÜ 6*
سمع	سَمِعَ – يَسْمَعُ – سَمْع \ سَماع	hören	*AS 10*
سمع	سَميع	hörend, zuhörend; Hörender	*SÜ 1*
سمع	سَمْع	Gehör, Gehörsinn	*SÜ 24*
سمو	سَماء ج سَمَوات	Himmel	*SÜ 9*
سمي	سَمّى II	nennen (mit dopp. Akk.)	*AS 21*
سمي	اِسْم ج أَسْماء	Name; (gramm.:) Nomen	*AS 7 (+ ÜB 1)*
سنن	مُسِنّ	bejahrt	*AS 24*
سنن	السُّنّة	die Sunna (des Propheten)	*AS 30*

سنن	سُنّة ج سُنَن	gewohnte Handlungsweise; überlieferte Norm; Brauch	*SÜ 21,AS 30*
سنن	سِنّ ج أَسْنان	Zahn	*SÜ 6, AS 24*
سنو	سَنَة ج1 سِنون ج2 سَنَوات	Jahr	*SÜ 3*
سهل	سَهْل ، سَهِل	leicht	*AS 4*
سهم	سَهْم ج سِهام	Pfeil; Los	*AS 30*
سوأ	ساءَ – يَسوءُ	Unrecht tun	*AS 28*
سود	أَسْوَدُ	schwarz	*SÜ 9*
سوع	ساعة	Uhr; Stunde	*AS 2*
سوق	سوق	Markt (f./m.)	*SÜ 2*
سوي	سَواء	gleich; gleichwertig	*SÜ 17*
سير	سار – يَسيرُ – سَيْر	reisen; gehen	*AS 22*
سير	سيرة ج سِيَر	Lebenswandel; Biographie, Lebensbeschreibung	*SÜ 6, AS 23*
شأم	الشّأْمُ \ الشّامُ	Syrien; Damaskus (f.)	*SÜ 2*
شبب	شَباب	Jugend	*AS 27*
شبب	شابّ ج شَباب	junger Mann; Junge; jung, jugendlich	*SÜ 14*
شبه	شَبيه	ähnlich	*AS 9*
شجر	شَجَر	Bäume (koll.)	*SÜ 2*
شجع	شُجاع ج شُجْعان	Held, tapferer Mann	*AS 25*
شجع	شَجاعة	Tapferkeit	*AS 27*
شخص	شَخْص ج أَشْخاص	Person	*AS 8*
شخص	شَخْصِيّة ج -ات	Pesönlichkeit (Individualität, aber auch bedeutender Mensch)	*SÜ 7*
شدد	اِشْتَدَّ VIII	sich verstärken, heftig werden	*AS 17*
شدد	شَديد	heftig	*AS 2*
شرب	شَرِبَ – يَشْرَبُ – شُرْب	trinken	*SÜ 10*

Wurzel	Wort	Bedeutung	Lektion
شرب	شَراب ج أَشْرِبة	Getränk; Wein; Saft	*SÜ 26*
شرط	شَرْط ج شُروط	Bedingung; Vorbehalt; (Vertrags)Klausel	*SÜ 20*
شرع	شارِع	Straße	*AS 1*
شرع	شَرَعَ – يَشْرَعُ – شَرْع	Gesetze erlassen; vorschreiben	*SÜ 16*
شرع	شَريعة ج شَرائِعُ	(Weg zur) Tränke; relig. Gesetz; Pl: Bestimmungen d. relig. Ges.	*SÜ 21*
شرف	تَشَرَّفَ V	sich beehren, sich die Ehre geben (بِـ mit)	*AS 25*
شرف	شَريف ج أَشْراف	edel	*AS 4*
شرق	شَرَقَ – يَشْرُقُ – شُروق	aufgehen, strahlen (Sonne)	*AS 26*
شرق	مَشْرِق	Osten, Orient	*AS 26*
شرك	اِشْتَرَكَ VIII	sich beteiligen, teilnehmen (في an)	*AS 16*
شرك	أَشْرَكَ IV	zum Teilhaber, Partner machen; beigesellen (insb. Gott)	*SÜ 17*
شري	اِشْتَرى VIII	kaufen	*AS 21*
شعب	شَعْب ج شُعوب	Volk	*AS 27*
شعب	شُعْبة	Zweig; Abteilung	*SÜ 2*
شعر	شاعِر ج شُعَراءُ	Dichter	*AS 16*
شعر	شِعْر ج أَشْعار	Gedicht, Dichtung	*AS 17*
شغل	مَشْغول	beschäftigt	*AS 3*
شفي	شَفى – يَشْفي – شِفاء	heilen	*AS 21*
شفي	اِسْتَشْفى X	Heilung suchen	*AS 21*
شكر	شَكَرَ – يَشْكُرُ – شُكْر	danken	*AS 21*
شمس	شَمْس	Sonne (f.)	*SÜ 1*
شمل	شِمال	Norden	*AS 28*
شمل	شِمال	links; linke Hand	*SÜ 14*
شمل	شَمال	Nordwind (f.)	*SÜ 2*

شهد	شاهِد ج شُهود	Zeuge	*AS 4*
شهد	مُشاهَدة	Betrachtung; Beobachtung (mit den Sinnesorganen)	*SÜ 25*
شهر	شَهْر ج أَشْهُر	Monat	*AS 4*
شهر	مَشْهور	berühmt	*AS 8*
شهو	شَهْوة ج شَهَوات	Begehren; Leidenschaft; Lust	*SÜ 21*
شوق	شَوْق ج أَشْواق	Sehnsucht	*AS 23*
شيأ	شَيْء ج أَشْياء	Ding, Sache; etwas	*AS 13*
شيخ	شَيْخ ج1 شُيوخ ج2 مَشايِخُ	Greis, Ältester (Titel)	*AS 16*
شيطن	شَيْطان ج شَياطينُ	Satan, Teufel	*AS 27*
صبح	صَباح	Morgen	*AS 12*
صبر	صَبَرَ – يَصْبِرُ – صَبْر	sich gedulden	*AS 13*
صبر	صَبْر	Geduld	*AS 28*
صبر	صابِر ج -ون	geduldig; Geduldiger	*SÜ 3*
صحب	صُحْبة	Gesellschaft, Umgang	*AS 28*
صحب	صاحِب ج أَصْحاب	Herr, Genosse, Freund	*AS 5*
صحح	صَحيحُ البُخاريِّ	der Ṣaḥīḥ des Buḫārī	*AS 18*
صحح	صَحَّ – يَصِحُّ – صِحّة	richtig sein, zutreffen	*AS 28*
صحح	صِحّة	Gesundheit; (Ḥadīṯwissenschaft:) die Überliefererkette entspricht den besten Kriterien	*SÜ 19*
صحر	صَحْراءُ	Wüste (f.)	*SÜ 2*
صحف	مُصْحَف ج مَصاحِفُ	Koranexemplar, -handschrift	*SÜ 12*
صحف	صَحيفة ج صُحُف	Blatt (z.B. eines Buches)	*SÜ 28*
صدق	صادِق	aufrichtig	*AS 1*
صدق	صَدَقَ – يَصْدُقُ – صِدْق	aufrichtig sein, wahr sprechen	*AS 14*
صدق	صَديق ج أَصْدِقاءُ	Freund	*AS 4 (+AS 1)*
صدق	تَصَدَّقَ V	Almosen geben	*SÜ 14*

صدق	صَدَقة	Almosen	*SÜ 14*
صرخ	صَرَخَ – يَصْرُخُ – صُراخ	schreien, laut rufen	*AS 30*
صرط	صِراط	Weg	*AS 21*
صعب	صَعْب	schwer	*AS 4*
صعد	صَعِدَ – يَصْعَدُ – صُعود	steigen; hinaufklettern	*SÜ 20*
صغر	صَغير	klein	*AS 1*
صفر	اِصْفَرَّ IX	bleich werden, gelb werden	*AS 16*
صفر	أَصْفَرُ	gelb	*SÜ 9*
صلح	صالِح	fromm, rechtschaffen	*AS 1*
صلح	صُلْح	Frieden	*AS 29*
صلح	مَصْلَحة ج مَصالِحُ	nützliche Sache; Heil; Wohl	*SÜ 21*
صلو	صَلاةُ العَصْرِ	Nachmittagsgebet	*SÜ 12*
صلو	صَلاة ج صَلَوات	Gebet; Segenswunsch; Segen	*SÜ 6*
صلّى	صَلَّى اللّٰهُ عَلَيْهِ وَسَلَّمَ	Gott segne ihn u. schenke ihm Heil	*SÜ 2*
صندق	صُنْدوق ج صَناديقُ	Kiste	*AS 4*
صوب	مُصيبة ج مَصائِبُ	Unglück	*AS 8*
صوب	أَصابَ IV	treffen; befallen; zustoßen	*SÜ 22*
صوب	صَواب	Richtiges; richtig; Vernunft	*AS 9, SÜ 23*
صوت	صَوْت ج أَصْوات	Stimme, Laut	*AS 19*
صون	صانَ – يَصونُ – صِيانة	schützen, behüten	*AS 20*
صيد	صَيْد	Jagd	*AS 10*
صيف	صَيْف	Sommer	*AS 9*
ضرب	ضَرَبَ – يَضْرِبُ – ضَرْب	schlagen	*SÜ 10, (+AS 3)*
ضرر	ضَرورة ج -ات	Notwendigkeit; Zwang; Not	*SÜ 25*
ضرر	ضَرَّ – يَضُرُّ – ضَرّ	schaden, Schaden zufügen	*SÜ 28*
ضرر	ضَرورة ج -ات	Notwendigkeit; Zwang; Bedürfnis	*SÜ 7*
ضلل	ضالّة	verirrtes Herdentier	*AS 5*

ضلل	ضَلَّ – يَضُلُّ – ضَلال	sich verirren; abirren, in die Irre gehen	*AS 29, SÜ 18*
ضيف	ضَيْف ج ضُيوف	Gast	*AS 10*
ضيق	ضيق	Not	*AS 13*
ضيق	ضَيِّق	eng	*AS 4*
طبب	طَبيب	Arzt	*AS 1*
طرش	أَطْرَشُ	taub	*SÜ 9*
طرق	طَريق ج طُرُق	Weg	*AS 5, 20*
طرق	طَريقة ج طَرائِقُ	Art und Weise; Methode, Weg; religiöser Orden	*AS 29, SÜ 21*
طعم	طَعام ج أَطْعِمة	Speise, Essen, Nahrung	*SÜ 26*
طفأ	طَفِئَ – يَطْفَأُ + اِنْطَفَأَ VII	ausgelöscht werden, erlöschen	*AS 29*
طفل	طِفْل ج أَطْفال	Kind; Junge; Säugling	*SÜ 10*
طلب	طَلَبَ – يَطْلُبُ – طَلَب	fordern, verlangen	*AS 12*
طلب	طَلَب	Suche; Forderung; Verlangen	*SÜ 5*
طلع	طَلَعَ – يَطْلُعُ – طُلوع	aufsteigen, aufgehen	*AS 10*
طلع	اِطَّلَعَ VIII	studieren, Einsicht nehmen, sich informieren (على über)	*AS 16*
طلع	طالِع	aufgehend	*AS 2*
طلع	طالَعَ III	studieren, lesen	*AS 27*
طهر	طَهارة	Reinheit, Sauberkeit; kultische Reinheit (relig.)	*SÜ 7*
طوع	أطاعَ – يُطيعُ IV	gehorchen (mit Akk.)	*AS 20*
طوع	اِسْتِطاعَ – يَسْتَطيعُ X	können, imstande sein	*AS 20*
طوع	مُطيع	gehorsam	*AS 4*
طوع	طاعة ج -ات	fromme Handlung	*SÜ 25*
طول	طَويل	lang	*AS 1*
طول	طولَ	solange als, während der Dauer	*AS 13*

طول	طالَ - يَطولُ	lang sein, lang werden	*AS 20*
طول	أطالَ - يُطيلُ IV	verlängern	*AS 20*
طيب	طَيِّب	gut	*AS 1*
طيب	طَيِّبات	(Pl.:) gute, angenehme Dinge; gute Speisen	*SÜ 6*
طير	طارَ - يَطيرُ - طَيْران	fliegen	*AS 22*
طير	طَيْر ج طُيور	Vogel (koll.)	*SÜ 23*
طيع	طاعة	Gehorsam	*AS 27*
طين	طين ج أَطْيان	Lehm, Ton; Ackerboden; Schlamm	*SÜ 13*
ظلل	أَظَلَّ - يُظِلُّ IV	beschatten, überschatten	*SÜ 14*
ظلل	ظِلّ ج ظِلال	Schatten; Schutz	*SÜ 14*
ظلم	ظُلْم	Tyrannei	*AS 29*
ظلم	ظَلَمَ - يَظْلِمُ - ظُلْم	Unrecht zufügen; unterdrücken	*SÜ 22*
ظنن	ظَنَّ - يَظُنُّ - ظَنّ	meinen, glauben, vermuten	*AS 17*
ظنن	مَظْنون	vermutet, angenommen	*SÜ 13*
ظنن	ظَنّ ج ظُنون	Meinung, Glaube, Vermutung; negative Vermutung	*SÜ 8*
ظهر	ظُهْر ج أَظْهار	Mittag, Mittagsgebet	*AS 25*
ظهر	ظاهِر	sichtbar; äußerlich; Wortsinn	*SÜ 19*
عبد	عَبَدَ - يَعْبُدُ - عِبادة	(Gott) dienen, (ihn) anbeten	*AS 26*
عبد	مَعْبَد	Anbetungsort, Gotteshaus	*AS 26*
عبد	عَبْد ج عَبيد	Sklave	*AS 7*
عبد	عَبْد ج عِباد	Diener (Gottes), Mensch	*SÜ 6, AS 7*
عبد	عَبَدَ - يَعْبُدُ - عِبادة	dienen; göttliche Verehrung erweisen; anbeten	*SÜ 11*
عبد	عَبْدُ الرَحْمٰنِ	ʿAbdarraḥmān (Männername)	*AS 7*
عبر	اِعْتَبَرَ VIII	belehrt werden, gewarnt werden; betrachten, achten (dopp. Akk.)	*AS 29*

عبس	عَبّاسِيّ	abbasidisch	*AS 28*
عجب	عَجِبَ – يَعْجَبُ – عَجَب	sich wundern (من über, auch V. St.)	*AS 16*
عجب	أَعْجَبَ IV	gefallen	*AS 16*
عجب	مُتَعَجِّب	erstaunt, verwundert	*SÜ 11*
عدد	عَدَّ – يَعُدُّ – عَدّ	zählen	*AS 17*
عدد	أَعَدَّ IV	vorbereiten	*AS 17*
عدد	اِسْتَعَدَّ X	sich vorbereiten (لِ für, auf)	*AS 17*
عدد	عَدَد ج أَعْداد	Anzahl, Zahl	*AS 24*
عدل	عادِل	gerecht	*AS 1*
عدل	عَدالة	Gerechtigkeit	*AS 27*
عدل	عَدْل ج عُدول	gerecht, rechtschaffen	*SÜ 14*
عدل	عَدَلَ – يَعْدِلُ – عَدْل	(mit عن:) abweichen; verlassen	*SÜ 21*
عدو	عَدُوّ ج أَعْداء	Feind	*AS 7*
عدو	عادى III	als Feind behandeln, befehden	*SÜ 24*
عذب	عَذاب	Strafe, Bestrafung	*SÜ 10*
عذب	مُعَذِّب	strafend; Strafender	*SÜ 16*
عذر	عُذْر ج أَعْذار	Entschuldigung	*AS 9*
عرب	عَرَب	Araber (koll.)	*AS 16*
عرب	اللُّغةُ العَرَبِيّةُ	die arabische Sprache, das Arabische	*AS 16*
عرب	عَرَبِيّ	arabisch	*AS 4, 16*
عرب	أَعْرابِيّ ج أَعْراب	Wüstenaraber, Beduine, beduinisch	*SÜ 27*
عرب	عَرَبِيّ ج عَرَب	arabisch; Araber	*SÜ 4*
عرج	أَعْرَجُ	lahm	*SÜ 9*
عرس	عَروس	Braut	*SÜ 2*
عرض	عَريض	breit	*AS 1*

عرف	عَرَفَ – يَعْرِفُ – مَعْرِفة \ عِرْفان	kennen, wissen	*AS 12*
عرف	تعَرَّفَ V	bekannt sein mit (على), kennenlernen	*AS 23*
عَزَّ وجَلَّ	عَزَّ وجَلَّ	er (Gott) ist mächtig und erhaben	*SÜ 8*
عَزَّ وَجَلَّ	عَزَّ وَجَلَّ	Er ist erhaben und mächtig (Eulogie für Gott)	*AS 24*
عزز	عَزيز	lieb, teuer	*AS 30*
عسر	عَسَّرَ II	schwer machen, erschweren	*AS 19*
عسل	عَسَل	Honig	*SÜ 23*
عصو	عَصًا	Stab, Zepter (f.)	*SÜ 2*
عصي	مَعْصِية ج مَعاصٍ	Ungehorsam, Widersetzlichkeit, Auflehnung; Sünde	*SÜ 21, 25*
عصي	عَصى – يَعْصي	sich widersetzen, auflehnen; sündigen	*SÜ 25*
عطي	أَعْطى – يُعْطي IV	geben (mit dopp. Akk.)	*AS 21*
عظم	عَظْم ج عِظام	Knochen	*AS 24*
عظم	عَظيم	gewaltig, sehr groß, bedeutend	*AS 9*
عظم	عَظيم ج عُظَماءُ	gewaltig, mächtig; großartig	*SÜ 3*
عفو	عافِية	Gesundheit, Wohlbefinden	*SÜ 22*
عقب	عاقَبَ III	bestrafen	*SÜ 16*
عقل	عَقْل	Einsicht, Verstand, Intellekt	*SÜ 6*
علق	مُعَلَّق	hängend, aufgehängt; abhängig	*SÜ 14*
علم	عَلِمَ – يَعْلَمُ – عِلْم	wissen	*AS 14*
علم	مُعَلِّم	Lehrer	*AS 3*
علم	عِلْم ج عُلوم	Wissenschaft	*AS 4*
علم	عالِم ج عُلَماءُ	gelehrt; Gelehrter	*AS 4*
علم	عَليم	wissend; gelehrt; Wissender	*SÜ 1*

علو	تَعالَ ج تَعالَوا	komm!, los!	*SÜ 17*
علو	تَعالَى	er (Gott) ist hoch erhaben	*SÜ 8*
علي	عالٍ	hoch, laut (Stimme)	*AS 30*
عمر	عُمَرُ	ʿUmar	*AS 2*
عمر	عَمارة	Besuch	*SÜ 27*
عمر	عامِر ج عُمّار	Bewohner, Einwohner	*SÜ 8*
عمق	عَميق	tief	*AS 2*
عمل	عَمَل ج أَعْمال	Tat, Werk	*AS 18*
عمم	عَمّ ج أَعْمام	Onkel (väterlicherseits)	*SÜ 22*
عمم	اِبْنُ العَمِّ	Cousin, Vetter	*SÜ 27*
عمم	عامّة	Allgemeinheit	*SÜ 4*
عمي	أَعْمى	blind	*SÜ 9*
عند	عِنْدَما	als	*AS 17*
عِنْدَ	عِنْدَ	bei	*SÜ 5*
عنق	عُنُق ج أَعْناق	Hals; Nacken	*SÜ 23*
عني	مَعْنًى ج مَعانٍ	Sinn, Bedeutung	*SÜ 23*
عود	عادَ – يَعودُ – عَوْد \ مَعاد	zurückkehren	*AS 20*
عود	أَعادَ – يُعيدُ IV	zurückbringen	*AS 20*
عود	عادة ج عادات \ عَوائِدُ	Gewohnheit	*AS 22*
عود	عادَ – يَعودُ	werden (mit Akk. d. Prädikatsnomens)	*AS 27*
عوذ	عاذَ – يَعوذُ – عَوْذ \ مَعاذ	um Hilfe flehen (مِن vor, بِـ zu)	*AS 27*
عوذ	اِسْتَعاذَ – يَسْتَعيذُ X	Schutz, Zuflucht suchen	*SÜ 24*
عوذ	أَعاذَ – يُعيذُ IV	Schutz, Zuflucht gewähren; jd. unter Gottes Schutz stellen	*SÜ 24*
عوم	عام ج أَعْوام	Jahr	*AS 24*
عون	عَوْن	Hilfe	*AS 30*

عون	اِسْتَعانَ – يَسْتَعينُ X	um Hilfe bitten; seine Zuflucht suchen	*SÜ 28*
عيب	عابَ – يَعيبُ – عَيْب	fehlerhaft sein	*AS 21*
عيب	مَعاب ج مَعايِبُ	Fehler	*AS 21*
عيب	عَيْب	Schande, Fehler	*AS 29*
عين	عَيْن ج أَعْيُن	Auge	*AS 4 (+ SÜ 2)*
عين	عَيْن ج عُيون	Quelle	*AS 4*
عين	عَيْن ج أَعْيان	Vornehmer	*AS 4*
غرب	غَرَبَ – يَغْرُبُ – غُروب	untergehen (Sonne)	*AS 10, 26*
غرب	مَغْرِب	Westen, Okzident	*AS 26*
غرض	غَرَض ج أَغْراض	Ziel	*AS 30*
غرف	غُرْفة ج غُرَف	Zimmer	*AS 7*
غزل	غَزال ج غِزْلان	Gazelle	*AS 7*
غسل	غَسَلَ – يَغْسِلُ – غَسْل	waschen	*AS 10*
غضب	غَضَب	Zorn, Wut	*SÜ 6*
غفر	غَفَرَ – يَغْفِرُ – غَفْر \ غُفران	vergeben, verzeihen (لِ jmd.)	*AS 14*
غفر	مَغْفِرة	Verzeihung, Vergebung	*SÜ 3*
غلب	غَلَبَ – يَغْلِبُ – غَلْب	besiegen, überwinden, überwältigen	*AS 14*
غلم	غُلام ج غِلْمان	Jüngling; Junge; Diener	*SÜ 28, AS 28*
غنم	غَنيمة ج غَنائِمُ	Beute	*AS 25*
غني	غِنًى	Reichtum	*AS 28*
غي	غاية	Äußerstes, Ende	*AS 16*
غيب	غَيْب	Verborgenes	*AS 23*
غيب	غائِب	abwesend	*AS 3*
فَ	فَ	und da, dann; und so	*SÜ 10, AS 13*
فأل	تَفاءَلَ VI	als gutes Omen nehmen (بِ etw.); optimistisch sein	*AS 29*
فتح	فَتَحَ – يَفْتَحُ – فَتْح \ فُتوح	öffnen, erobern	*AS 12*

فتح	مَفْتوح	geöffnet	*AS 5*
فتن	مَفْتون	bezaubert (auch: entzückt); verrückt; verführt	*SÜ 18*
فتن	فِتْنة ج فِتَن	Versuchung; Zwietracht; Bürgerkrieg	*SÜ 22*
فتي	فَتًى	Jüngling	*SÜ 3*
فخر	اِفْتَخَرَ VIII	sich rühmen, stolz sein (بِـ auf)	*AS 27*
فرج	فَرَج	Leidlosigkeit; Erleichterung; glücklicher Ausgang	*SÜ 22*
فرح	فَرِحَ – يَفْرَحُ – فَرَح	sich freuen (بِـ über)	*AS 10*
فرر	فَرّ \ فِرار	Flucht	*AS 21*
فرس	فَرَس ج أَفْراس	Pferd, Stute	*AS 4*
فرس	فارِس ج فُرْسان	Reiter	*AS 4*
فرش	فِراش ج فُرُش	Bett	*AS 13*
فرض	اِفْتَرَضَ VIII	auferlegen, zur Pflicht machen	*SÜ 24*
فرض	فَريضة ج فَرائِضُ	religiöse Pflicht; göttliche Vorschrift	*SÜ 5*
فرغ	فارِغ	leer	*AS 4*
فرق	فارَقَ III	jmd. verlassen, sich trennen	*AS 21*
فرق	تَفَرَّقَ V	sich trennen, sich zerstreuen	*SÜ 14*
فصح	فَصيح	beredt	*AS 9*
فضل	فَضْل	Tugend, Vorzug	*AS 21*
فضل	فَضْلًا عَنْ	geschweige denn; nicht zu reden von	*AS 27*
فضل	فَضْل	Güte, Huld	*AS 29*
فعل	فَعَلَ – يَفْعَلُ – فَعْل	tun, machen	*AS 23*
فعل	فِعْل ج أَفْعال	Tat, Handlung	*SÜ 16*
فقر	فَقْر	Armut	*AS 28*
فقر	فَقير ج فُقَراءُ	arm	*AS 4 (+ AS 3)*

فقه	فَقيه ج فُقَهاءُ	Gesetzesgelehrter, gelehrt im islamischen Recht; Rechtsgelehrter	*AS 16, SÜ 19*
فكر	فِكْر ج أفْكار	Meinung, Gedanke; Nachdenken	*SÜ 25, AS 29*
فلح	فَلّاح	Bauer, Fellache	*AS 3*
فلسف	فَيْلَسوف ج فَلاسِفة	Philosoph	*AS 4*
فم	فَم ج أفْواه	Mund	*SÜ 6*
فنجن	فِنْجان ج فَناجينُ	Tasse	*AS 4*
فهم	فَهِمَ – يَفْهَمُ – فَهْم	verstehen	*AS 10*
فهم	مَفْهوم	Sinn, Bedeutung; Begriff	*SÜ 19*
فوت	فاتَ – يَفوتُ – فَوْت	entschwinden, vorübergehen (Zeit)	*AS 23*
فيد	أفادَ IV	ausdrücken, nützen, informieren	*AS 20*
قبب	قُبّة	Kuppel, Heiligengrab	*AS 20*
قبح	قَبيح	hässlich, schlecht	*AS 8*
قبل	قَبِلَ – يَقْبَلُ – قَبول	annehmen, empfangen, aufnehmen	*AS 10*
قبل	قَبَّلَ II	küssen	*AS 17*
قبل	قَبْلَ	vor (zeitlich)	*AS 5*
قبل	القِبْلة	die Gebetsrichtung, die Qibla	*SÜ 7*
قتل	قاتَلَ III	kämpfen, bekämpfen	*AS 16*
قتل	قَتَلَ – يَقْتُلُ – قَتْل	töten; ermorden, umbringen	*SÜ 12 (+AS 3)*
قدر	قَدَرَ – يَقْدِرُ – قُدْرة	können, imstande sein (mit على)	*SÜ 22*
قدر	قَدْر ج أَقْدار	Ausmaß, Menge, Maß	*SU 23*
قدر	قَدير	Macht, Kraft besitzend; mächtig	*SÜ 26*
قدم	قَديم ج قُدَماءُ	alt, antik	*AS 17*
قدم	قَديم	alt (von Sachen)	*AS 2*
قدم	الأَقْدَمُ	der/die/das älteste	*SÜ 7*
قرأ	قَرَأَ – يَقْرَأُ على	vor jmd. lesen, unter ihm studieren	*AS 18*
قرأ	قِراءة	Lesen, Lesart, Rezitation	*AS 18*
قرأ	قُرْآن	Koran	*SÜ 1*

قرأ	قارِئ	(Koran-)Rezitator, Vorleser	
		(hier: die Fähigkeit besitzend)	*SÜ 19*
قرب	عَنْ قَريبٍ	bald	*AS 19*
قرب	تَقْريبًا	etwa, ungefähr	*AS 24*
قرب	قَريب ج أَقْرِباءُ	Verwandter	*AS 4*
قرب	قَريب	nahe	*AS 9*
قرب	تَقَرَّبَ V	sich nähern; sich um jds.	
		Gunst bemühen	*SÜ 24*
قرد	قِرْد ج قُرود	Affe	*AS 7*
قرش	قِرْش ج قُروش	Kurusch, Piaster	*AS 24*
قرن	قَرْن ج قُرون	Horn; Jahrhundert	*SÜ 6, AS 25*
قري	قَرْية ج قُرًى	Dorf; Stadt	*SÜ 10, AS 13*
قصر	قِصَر	Kürze	*AS 28*
قصص	قِصّة ج قِصَص	Erzählung, Geschichte	*SÜ 10, AS 13*
قضي	قَضى – يَقْضي – قَضاءٌ	verbringen, erledigen	*AS 24*
قضي	قَضاءٌ	Geschick	*AS 27*
قطع	اِنْقَطَعَ VII	abgeschnitten werden	*AS 17*
قطع	قِطْعة ج قِطَع	Stück, Teil	*SÜ 6*
قلب	قَلْب ج قُلوب	Herz	*AS 4*
قلع	قَلْعة	Festung	*AS 11*
قلل	قَليل	wenig	*AS 3*
قلم	قَلَم ج أَقْلام	Feder	*AS 7*
قمر	قَمَر	Mond	*SÜ 1*
قنت	قانِت -ون	gehorsam; Gehorsamer	*SÜ 3*
قنع	اِقْتَنَعَ VIII	zufrieden sein	*AS 29*
قهر	القاهِرة	Kairo	*AS 9*
قهقر	تَقَهْقَرَ	sich zurückziehen, zurückweichen	*AS 22*
قهو	مَقْهًى ج مَقاهٍ	Café, Kaffeehaus	*SÜ 14*

قول	قالَ – يَقولُ – قَوْل	sagen, sprechen	*SÜ 2, AS 13, AS 20*
قول	قَوْل ج أَقْوال	Wort, Ausspruch; Äußerung; Lehrmeinung	*SÜ 19, 23*
قول	قالوا	sie sagten	*SÜ 4*
قوم	قِيامة	Auferstehung	*AS 18*
قوم	قامَ – يَقومُ – قِيام	aufstehen	*AS 20 (+AS 6)*
قوم	أَقامَ IV	sich aufhalten	*AS 20*
قوم	اِسْتِقامَ X	gerade sein, richtig sein	*AS 20*
قوم	قامة	Gestalt, Statur, Wuchs	*AS 28*
قوم	قَوْم ج أَقْوام	Leute; Schar; Volk	*SÜ 10*
قيم	قيمة ج قِيَم	Wert	*AS 23*
كأس	كَأْس	Becher (f.)	*SÜ 2*
كبر	كَبير ج كِبار	groß	*AS 4*
كبر	كَبير	groß	*SÜ 1*
كتب	مَكْتوب ج مَكاتيبُ	Brief	*AS 10*
كتب	كِتابة	Schreiben	*AS 30*
كتب	كَتَبَ – يَكْتُبُ – كِتابة	schreiben	*SÜ 10*
كتب	كِتاب ج كُتُب	Buch	*SÜ 3, AS 4*
كثر	كَثُرَ – يَكْثُرُ – كَثْرة	viel sein	*AS 29*
كثر	كَثْرة	große Menge, Fülle, Vielheit	*SÜ 23*
كثر	كَثير ج1 -ون ج2 كِثار	viel	*SÜ 3*
كذب	كَذَبَ – يَكْذِبُ – كِذْب	lügen	*AS 13*
كذب	كَذوب	Lügner	*AS 28*
كرر	كَرَّرَ II	wiederholen	*SÜ 21*
كرم	كَرَم	Edelmut	*AS 28*
كرم	كَريم ج1 كِرام ج2 كُرَماءُ	edel, großmütig	*AS 9*

كرم	كَرُمَ – يَكْرُمُ – كَرَم	edel sein; großzügig sein; freigibig sein	*SÜ 10*
كسر	مَكْسور	zerbrochen	*AS 2*
كسل	كَسْلانُ (م.: كَسْلى) ج كَسالى	faul	*SÜ 5, 9*
كسو	كَسا – يَكْسو – كِسْوة	kleiden	*AS 29*
كسو	كَسا – يَكْسو – كَسْو	kleiden; bekleiden; überdecken	*SÜ 26*
كعب	الكَعْبَةُ	die Kaʿba	*SÜ 7*
كفأ	كافَأَ III	belohnen (عن anstelle von)	*AS 18*
كفر	كافِر ج كُفّار	Ungläubiger	*AS 16*
كفر	كُفْر	Unglaube	*AS 9*
كفر	كَفَرَ – يَكْفِرُ – كُفْر	ungläubig sein, nicht glauben; vom Glauben abfallen; undankbar sein	*SÜ 11, AS 25*
كفي	كَفى – يَكْفي – كِفاية	genügen	*AS 21*
كَلّا	كَلّا	durchaus nicht, nein	*AS 12*
كلب	كَلْب ج كِلاب	Hund	*AS 4*
كلف	مُكَلَّف	verpflichtet (بِ zu); verantwortlich (بِ für)	*SÜ 16*
كلم	تَكَلَّمَ V	reden, sprechen (في über)	*AS 16*
كلم	كَلِمة	Wort	*AS 23*
كلم	كَلام	Wort, Rede	*AS 9*
كمم	كُمّ ج أَكْمام	Ärmel	*SÜ 20*
كون	مَكان ج$_1$ أَمْكِنة ج$_2$ أَماكِنُ	Ort, Platz	*AS 14*
كيف	كَيْفَ	wie	*AS 24*
لَ	لَ	wahrlich	*AS 24*
لِ	لِ	für; zugunsten; zu	*SÜ 4*
لا	لا	nein; nicht	*AS 2*

لأك	مَلَك + مَلْأَك ج1 مَلائِكة ج2 مَلائِكُ	Engel; Bote	*AS 4, SÜ 8*
لبث	لَبِثَ – يَلْبَثُ – لَبْث	verweilen, bleiben, verharren	*SÜ 26*
لبس	لَبِسَ – يَلْبَسُ – لُبْس	anziehen	*AS 14*
لبس	لِباس	Kleidung	*SÜ 7*
لبن	لَبَن	Milch	*AS 10, SÜ 23*
لحد	لَحْد ج لُحود \ أَلْحاد	Grab	*AS 27*
لحم	لَحْم ج لُحوم	Fleisch	*SÜ 6*
لذذ	لَذيذ	wohlschmeckend	*AS 2*
لسن	لِسان ج أَلْسِنة	Zunge, Sprache	*AS 20*
لطف	لَطيف	angenehm, reizend, geistvoll	*AS 9*
لعب	لَعِبَ – يَلْعَبُ – لُعْب	spielen	*AS 12*
لعن	لَعْنة ج1 -ات ج2 لِعان	Fluch; Verwünschung	*SÜ 13*
لقي	لاقَى III	treffen	*AS 21*
لقي	أَلْقَى IV	werfen, halten (eine Rede)	*AS 21*
لقي	اِلْتَقَى VIII	zusammentreffen	*AS 21*
لقي	لِقاءٌ	Treffen	*AS 30*
لمّا	لَمّا	als; nachdem; da	*SÜ 12, 22*
لمع	لامِع	glänzend	*AS 3*
لَوْ	لَوْ	wenn (Irreal, mit Perfekt)	*AS 24*
لوم	لامَ – يَلومُ – لَوْم \ مَلامة	tadeln	*AS 23*
لون	لَوْن ج أَلْوان	Farbe, Färbung; Gesichtsfarbe	*SÜ 6*
ليق	لاقَ – يَليقُ – لَيْق	sich ziemen, passen	*AS 27*
ليل	اللَّيْلَةَ	heute Abend, heute Nacht	*AS 12*
ليل	لَيْل	Nacht (koll.)	*AS 3*
ليل	لَيْلة ج1 -ات ج2 لَيالٍ	Nacht; Abend	*SÜ 5*
ما	ما	(Interr.-pronomen:) das, was; etwas	*SÜ 11*
متر	مَتْر ج أَمْتار	Meter	*AS 24*

متى	مَتى	wann	*AS 12*
مجد	مَجيد	ruhmreich; lobenswert; edel	*SÜ 1*
مجوس	مَجوسيّ ج مَجوس	Magier; Zoroastrier	*SÜ 21*
مدد	مَدَّ – يَمُدُّ – مَدّ	ausstrecken	*AS 17*
مدد	اِمْتَدَّ VIII	sich ausstrecken	*AS 17*
مدد	مُدّة	Zeitdauer, Weile	*AS 25*
مدن	مَدينة ج مُدُن	Stadt	*SÜ 2, AS 4*
مرأ	اِمْرُؤ \ مَرْء	Mann, Mensch	*AS 21*
مرر	مَرَّ – يَمُرُّ – مُرور	vorübergehen (بِـ an, عَلَى bei)	*AS 17*
مرر	مَرّة ج مَرّات	Mal	*SÜ 17*
مرض	مَريض	krank	*AS 14*
مسس	مَسَّ – يَمَسُّ – مَسّ	berühren	*AS 23*
مسو	مَساء	Abend	*AS 21*
مشي	مَشى – يَمْشي – مَشْي	gehen, marschieren	*AS 21*
مشي	تَمَشّى V	spazierengehen	*AS 21*
مصر	مِصْرِيّ	ägyptisch	*AS 4*
مصر	مِصْرُ	Ägypten (f.)	*SÜ 2*
مضي	مَضى – يَمْضي – مُضِيّ	vorübergehen, hingehen zu (إلى)	*AS 23*
مطر	مَطَر ج أَمْطار	Regen	*AS 4*
مع	مَعَ	(zusammen) mit	*SÜ 5*
مغل	المُغول	die Mongolen	*AS 28*
مكر	مَكْر	Ränke, Betrug	*AS 27*
مكن	مُمْكِن	möglich	*AS 9*
ملك	مَلِك ج مُلوك	König	*AS 1, 4*
ملل	مَلَّ – يَمَلُّ – مَلَل	sich langweilen	*SÜ 18*
من	مَن	wer?	*SÜ 4*
من	مِنْ دونِ	ohne; mit Ausschluss von	*SÜ 17*
مندل	مِنْديل ج مَناديلُ	Tuch	*AS 4*

منع	مَنَعَ – يَمْنَعُ – مَنْع	verhindern; aufhalten; verbieten, schützen	*SÜ 11, 22*
منن	مَمْنون	dankbar; schwach; endlich	*SÜ 18*
مهد	مَهْد ج مُهود	Wiege	*AS 27*
موت	مَوْت	Tod	*AS 25*
موت	أَماتَ – يُميتُ IV	sterben lassen; den Tod verursachen	*SÜ 26*
مول	مال	Geld	*AS 29*
ميأ	ماء ج مِياه	Wasser; Flüssigkeit	*SÜ 23*
ميد	مائِدة ج مَوائِدُ	Tisch	*AS 19*
ميز	مَيَّزَ II	unterscheiden	*AS 27*
ميل	مالَ – يَميلُ – مَيْل	sich neigen; abweichen	*SÜ 21*
نبع	نَبَعَ – يَنْبُعُ – نَبْع \ نُبوع	entspringen, hervorsprudeln	*AS 26*
نبع	مَنْبَع	Quelle	*AS 26*
نبه	اِنْتَبَهَ VIII	erwachen	*AS 29*
نبو	نَبِيّ ج أَنْبِياءُ	Prophet	*AS 4*
نجو	نَجا – يَنْجو – نَجاة	gerettet werden, entkommen	*AS 21*
نحو	نَحْو	Grammatik	*AS 26*
نحو	نَحْوِيّ	Grammatiker	*AS 26*
نذر	نَذير ج نُذُر	Warner	*SÜ 5*
نزع	تَنازَعَ VI	sich streiten	*AS 29*
نزل	نَزَلَ – يَنْزِلُ – نُزول	herabsteigen, hinuntergehen	*AS 10*
نزل	مَنْزِل	Ort, wo man absteigt; Quartier; Wohnung, Haus	*AS 21, SÜ 27*
نسب	نَسَب ج أَنساب	Abstammung, Stammbaum	*AS 22*
نسي	نَسِيَ – يَنْسى – نِسيان	vergessen	*AS 21*
نشز	أَنْشَزَ IV	erheben; auferstehen lassen	*SÜ 26*
نصب	مَنْصِب ج مَناصِبُ	Würde, Amt, Stellung	*SÜ 14*
نصب	نَصيب ج أَنْصِبة	Anteil, Beteiligung	*SÜ 20*

Wurzel	Arabisch	Deutsch	Beleg
نصح	نَصيحة	guter Rat; Aufrichtigkeit, Ehrlichkeit	*SÜ 4*
نصر	نَصْرانيّ ج نَصارى	Christ	*SÜ 21*
نظر	نَظَرَ – يَنْظُرُ – نَظر	sehen, schauen, blicken	*SÜ 11, AS 16*
نظر	اِنْتَظَرَ VIII	erwarten	*AS 16*
نظر	مَنْظَر ج مَناظِرُ	Anblick	*AS 8*
نظر	نَظَرَ – يَنْظُرُ – نَظر	sehen; anblicken	*SÜ 11*
نظر	نَظر ج أَنْظار	Blick; Betrachtung; auch: rationale Reflektion	*SÜ 25*
نظف	نَظيف	rein, sauber	*AS 2*
نعم	نَعَم	ja	*AS 3*
نعم	ج أَنْعام	Vieh	*SÜ 10*
نعم	نِعْمة ج نِعَم	Wohltat; Gnade, Güte	*SÜ 18*
نعم	أَنْعَمُ	erfreuter (Elativ); mehr genießend	*SÜ 23*
نفذ	نافِذة ج نَوافِذُ	Fenster	*AS 17*
نفس	نَفيس	kostbar	*AS 4*
نفس	نَفْس ج1 نُفوس ج2 أَنْفُس	Seele; Selbst; Person	*SÜ 2, 9*
نفع	نافِع	nützlich	*AS 4*
نفع	نَفَعَ – يَنْفِعُ – نَفْع	nützen, helfen	*SÜ 28*
نفق	أَنْفَقَ IV	(Geld) ausgeben, finanziell unterhalten	*SÜ 14*
نفل	نافِلة ج نَوافِلُ	nicht vorgeschriebenes gutes Werk; Geschenk	*SÜ 24*
نهر	نَهار	Tag (Gegensatz: Nacht)	*AS 3*
نهر	نَهْر ج أَنْهُر	Fluss	*AS 4*
نهي	نِهاية	Ende	*AS 25*
نهي	نَهى – يَنْهي – نَهْي	verbieten	*AS 30*
نوح	ناحَ – يَنوحُ – نَوْح \ نِياحة	klagen; gurren (Taube)	*AS 30*
نور	نور ج أَنْوار	Licht	*AS 13*

نور	نار ج نيران	Feuer; absolut: Höllenfeuer	*AS 16*
نور	نار (م) ج نيران	Feuer (f.)	*SÜ 2, 13*
نوم	نَامَ – يَنامُ – نَوْم	schlafen (نِمْتُ)	*AS 20*
نوم	نائِم ج نِيام	schlafend	*AS 29*
نوم	مَنام	Traum	*AS 30*
نون	تَنْوين	(gramm.:) Nunation	*SÜ 1*
هات	هاتِ ج هاتوا	gib her!, bring her!	*SÜ 20*
هاهُنا	هاهُنا	hier	*SÜ 19*
هجر	هَجَرَ – يَهْجُرُ – هِجْران	verlassen	*AS 21*
هجر	هاجَرَ III	verlassen	*AS 21*
هجر	هِجْرة	Auswanderung, Auszug	*SÜ 22*
هدي	هدى – يَهْدي – هُدًى \ هِداية	rechtleiten	*AS 21*
هدي	هُدًى	richtige Führung, Leitung (relig.); rechter Weg	*SÜ 17*
هدي	مُهْتَدٍ	rechtgeleitet, der Rechtgeleitete	*SÜ 18*
هٰذَا	هٰذَا	dieser, dieses (Dem.-Pron. m.)	*SÜ 1*
هذه	هٰذِه	diese, dieses (Dem.-Pron. f.)	*SÜ 1*
هرب	هَرَبَ – يَهْرُبُ – هُروب \ هَرَب	fliehen (مِن vor)	*AS 19 (+ SÜ 6)*
هٰكَذا	هٰكَذا	so, auf diese Weise	*SÜ 12*
هَلْ	هَلْ ...؟ \ أ ...؟	(Fragepartikel)	*SÜ 2*
هلك	هَلَكَ – يَهْلِكُ – هَلاك	verderben, umkommen, zugrunde gehen; vernichtet werden	*AS 23, 25*
همم	مُهِمّ	wichtig	*AS 10*
همم	اِهْتَمَّ VIII	sich kümmern, sich sorgen (بِ um), sich interessieren (بِ für)	*AS 17*
هنا	هُنا	hier	*AS 8*

هنأ	هَنَّأَ II	beglückwünschen (بِ zu)	*AS 18*
هناك	هُناكَ \ هُنالِكَ	dort	*AS 8*
وثق	وَثِقَ – يَثِقُ – ثِقة \ وُثوق	vertrauen (بِ auf)	*AS 19*
وثق	أَوْثَقَ IV	festbinden, fesseln	*AS 29*
وجب	وَجَبَ – يَجِبُ – وُجوب	nötig, notwendig sein; obligen; jmd. eine Pflicht sein (على für)	*SÜ 16, AS 19*
وجب	أَوْجَبَ IV	zur Pflicht machen, auferlegen	*SÜ 25*
وجد	وَجَدَ – يَجِدُ – وُجود	finden; Pass.: gefunden werden, sich finden, da sein	*AS 19 (+SÜ 5)*
وجه	وَجْه ج وُجُوه	Gesicht	*AS 16*
وجه	تَوَجُّه	(das) Sich-Zuwenden	*SÜ 7*
وحد	وَحْدَ	(mit Suffix) allein, ganz für sich	*AS 25*
ودد	وَدَّ – يَوَدُّ – وَدّ \ مَوَدّة	lieben, gern haben, mögen	*AS 17*
ورد	وَرَدَ – يَرِدُ – وُرود	kommen; vorkommen; gelangen zu	*SÜ 23*
ورد	وَرْد ج وُرود	Rose (koll.)	*SÜ 6*
ورق	وَرَق ج أَوْراق	Blatt, Papier	*AS 7*
وزر	وَزير ج وُزَراءُ	Minister, Wesir	*SÜ 1, AS 4*
وزن	وَزَنَ – يَزِنُ – وَزْن \ زِنَة	wägen, wiegen	*AS 19*
وسخ	وَسِخ	schmutzig	*AS 5*
وسط	وَسَط	mittel, in der Mitte befindlich	*AS 25*
وسط	أَوْسَط م: وُسْطى	mittlere/r, in der Mitte befindlich	*SÜ 12*
وسع	واسِع	geräumig	*SÜ 1*
وسوس	وَسْواس	Einflüsterung	*AS 30*
وصف	وَصَفَ – يَصِفُ – وَصْف	beschreiben, kennzeichnen	*AS 19, SÜ 23*
وصل	وَصَلَ – يَصِلُ – وَصْل \ وُصول \ صِلة	ankommen, gelangen (إلى)	*AS 19*
وصل	اِتَّصَلَ VIII	verbinden (بِ), Kontakt aufnehmen	*AS 19*

يسر	يَسَّرَ II	erleichtern	*AS 19*
يمن	يُمْن	Glück	*AS 30*
يمن	يَمين	rechts; rechte Hand	*SÜ 6, 14*
يهد	يَهوديّ ج يَهود	Jude	*SÜ 21*
يورو	يُورو	Euro	*AS 24*
يوم	يَوْم ج أيّام	Tag	*AS 5*
يوم	اليَوْمَ	heute	*AS 5*
يوم	يَوْمُ الدّين	Tag des Jüngsten Gerichts; Gerichtstag	*SÜ 13*